U0870471

中小学“校-家-医协同”心育工作路径

王天文 张燕 著

丛书顾问 周洪宇
丛书主编 刘大伟 张爱平

生活·实践教育系列成果

南京教育文库

顾明远题

南京出版传媒集团
南京出版社

育文库

顾明远题

南京教

图书在版编目（CIP）数据

中小学“校-家-医协同”心育工作路径 / 王天文，张燕著. -- 南京：南京出版社
（南京教育文库）
ISBN 978-7-5533-4140-8

Ⅰ. ①中… Ⅱ. ①王… ②张… Ⅲ. ①心理健康－健康教育－教学研究－中小学－文集 Ⅳ. ①G444-53

中国国家版本馆CIP数据核字（2023）第025645号

丛 书 名： 南京教育文库
丛书顾问： 周洪宇
丛书主编： 刘大伟　张爱平
书　　名： 中小学“校-家-医协同”心育工作路径
作　　者： 王天文　张　燕
出版发行： 南京出版传媒集团
南 京 出 版 社

社址：南京市太平门街53号　　邮编：210016
网址：http://www.njcbs.cn　　电子信箱：njcbs1988@163.com
联系电话：025-83283893、83283864（营销）　025-83112257（编务）

出 版 人： 项晓宁
出 品 人： 卢海鸣
责任编辑： 朱天乐
装帧设计： 张　淼
责任印制： 杨福彬

排　　版： 南京新华丰制版有限公司
印　　刷： 江苏凤凰通达印刷有限公司
开　　本： 787 毫米 × 1092 毫米　1/16
印　　张： 12.25
字　　数： 164千
版　　次： 2023年5月第 1 版
印　　次： 2023年5月第 1 次印刷
书　　号： ISBN 978-7-5533-4140-8
定　　价： 60.00 元

用微信或京东
APP扫码购书

用淘宝APP
扫码购书

总　序

不忘本来　吸收外来　面向未来

南京作为六朝古都，历史悠久，底蕴深厚，自古以来就是东南一带的政治、经济、文化中心。南北朝时期，宋文帝首开中国古代教育分科先河，在南京开设儒学馆、史学馆、文学馆和玄学馆，以分科的形式传经授道；梁代的五经博士以考试选拔人才，为隋唐科举制的实施奠定了基础。南京教育在明代更是达到了一个巅峰，不仅全国最高学府国子监设立于鸡鸣山下，且乡试、会试考场也设置于秦淮河畔的夫子庙，“天下文枢”也因此而闻名宇内。与官学相颉颃，私学在南京也有着悠久的传统，宋代的明道书院，明代的江干书院、新泉书院、崇正书院，清代的钟山书院、惜阴书院等，为学术思想的传承、学术流派的形成打下了扎实的基础。

民国以来，南京成为中西方教育思想汇聚的交融地，一大批本土教育家和海归教育家以南京为基点，加入了绘制中国近现代教育改革的蓝图大业中。张謇、沈恩孚、江谦、袁希涛、黄炎培、郭秉文、陶行知、陈鹤琴、邰爽秋、吴贻芳、俞子夷等一批学贯中西的教育家致力于南京教育的改革与发展，“生活教育”“活教育”等教育思想在南京萌芽、丰富与完善，铸就了传承至今的晓庄学院、鼓楼幼儿园等一批教育实践的典型代表。这些源于南京的教育思想与实践以中国基本国情为基础，对西方教育思想与实践进行了创造性转换与创新性发展，走出了一条独具中国特色的教育改革发展之路，一改民初“仪型他国”的社会风气，也为随后很长一段时间的中国教育改革与发展指明了方向。如果说，北京是近现代中国思想变革的策源地，那么南京一定是近现代中国教育思想变革的策源地，也是中国式教育现代化的起源地。

“敢探未发明的新理，敢入未开化的边疆”，这是我对南京教育的一个直观看法。这既有陶行知、陈鹤琴等教育先辈们对我的影响，也有我与南京教育人交往后的感触。早在1982年，我因为编撰《陶行知全集》，就多次来到南京市晓庄师范学校、南京大学、南京图书馆查找资料，认识了一批南京教育界的朋友。近年来，由于工作的关系，我常常有机会参加南京的基础教育活动，也因此与百军局长、张生书记结下了深厚的友谊，对新时代以来南京教育的高质量发展有了深厚的感悟。在学前教育普惠优质发展方面，南京普惠性幼儿园覆盖率达89%，优质园覆盖率达92%，率先全市域创成“江苏省学前教育改革发展示范区”；在义务教育优质均衡发展方面，南京义务教育优质资源覆盖率达98.6%，学校标准化率保持在100%，率先全市域通过“全国义务教育发展基本均衡县（市、区）”评估；在高中教育多样特色发展方面，南京整体规划和建设学术型、特色型、综合型普通高中，实施高中布局优化行动计划，全市达省定三星级以上的公办普通高中比例达95.5%；在特殊教育融合优质发展方面，南京建立了特殊教育工作联席会议制度，建立起从学前教育到高等教育全纳性的现代特殊教育体系，实现了全市所有街（镇）学前、义务教育阶段学校融合教育资源中心全覆盖。

南京教育能够取得如此优异的成绩，既有教育行政部门在方向上的正确指引，也有每一位普通南京教育人在岗位上的默默付出，因而我们既要关注教育宏观问题，也要关注微观上每一位教师、每一件事、每一个孩子。2022年1月，我的学生大伟从南京晓庄学院调任南京市教育科学研究所主持日常工作，我建议他既要在宏观上发挥市教科所作为教育智库的功用，也要关注到学校的内涵发展，更要关注到每一位教师的专业发展，因为教师的发展是学校发展的基础，只有教师发展好了，学校才能发展，而最终指向的必然是孩子的发展。因此我提议他能否整理出版一套“南京教育文库”，通过文库工作推动一批专家型教师梳理提炼教学主张、教育理念和学术思想，以时代为观照，立足南京教育实际，解决中国教育问题，推进南京教科研在知识创新、理论创新和方法创新上不断传承与发展。大伟很快邀请了南京一批名特优教师参与“南京教育文库”的编写工作，并规划了持续长达8—10年的发展计划，其中包括了写作指导、出版、评奖、宣传等全方位的保障体系建设。这一宏大体系建设还得到了顾明远先生的肯定与点赞，并欣然赐予墨宝“南京教育文库”六字。

“南京教育文库”的提出与推进，对于基础教育界具有非同寻常的意义，具体我认为有以下几点价值：

第一，独特性。毋庸置疑，每一个城市的教育发展都有独到之处和自身特点，但南京的教育发展与其他城市相比，其特点更加明显、风格更加独特。在江苏提出率先实现教育现代化的进程中，南京确立了“加快建设现代化教育强市、以高质量教育支撑高质量发展”这一战略目标，更加自觉地坚持教育优先发展、科学发展、创新发展。南京教育的主要发展指标已达到或超过OECD（经济合作与发展组织）发达国家和地区的平均水平，教育现代化水平连续六年获江苏省第一，在省对设区市政府履行教育职责考评中连续三年位居江苏省前列。可以说，南京教育在江苏省甚至全国都具有标杆性的独特作用。而如何将这种独特价值展现出来，“南京教育文库”的编撰正好起到了这一作用。这套丛书通过挖掘梳理南京教育的内涵，将南京教育的独特做法与经验理论化和系统化，既是对南京教育光辉历史过往的追溯与总结，也是对南京教育未来的期待与展望，更是可以成为中国教育改革与发展的地方样本。

第二，人本性。人的发展是教育的出发点和归宿，人的活动是教育的核心和关键，这是我近些年来提出的教育活动史的一个重要观点。教师是教育发展中的人，我们各级教育行政部门应该给予他们更多的关注与关心，特别对于一批具有典型性和代表性的教师，我们应该提供各种条件帮助他们总结、凝练、宣传、推广他们的教育理论与实践。就我所知，目前国内还尚未有类似的丛书出版。南京市教科所率全国之先，关注教育活动中的人，为教师的研究提供物质保障和学术指导，帮助他们在研究中发展，在实践中成熟，在推广中完善，可谓真正地将教师置于教育活动的中心地位，实现了以人为本的目的。

第三，开放性。对于这套丛书的设计与出版，我跟大伟提议，除了考虑名特优教师的教育思想总结与凝练外，还要在未来考虑对青年教师的支持，特别是要支持一批“学带”“优青”等具有基础的青年教师。南京教育近年来提出了如“宁教杰青”等一系列教师培育计划，我想我们的工作在未来还要吸收这样的教师参加“南京教育文库”的编写工作，加快对青年教师的培养速度。在学段上，我建议他要综合考虑各学段人员的配置，中学、小学、幼儿园各学段教师都要涉及，还要考虑在教师发展中心、教研室、教科所等单位工作的人员，更要考虑在学校管理岗位有丰富经验的教育管理者，这样就可以让我们这项工作更加开放、更加多元。

第四，持续性。南京教育的发展历史是一个整体，我们要做到不忘本来，吸收外来，面向未来，既要思考南京教育从哪里来，也要想好往哪里去，更要做好走向的持续性。因而对于这套丛书我还是有一个期待的，期待这套丛书能够持久地做下去，做成制度，做成系列，做成品牌，让更多的教师参与其中，享受到教育改革发展的红利，并在这项工作中得到发展、得到进步。我还希望将来“南京教育文库”能够借鉴“教育智库与教育治理50人圆桌论坛”的思路，形成一支队伍、一项制度、一套丛书、一个论坛、一个品牌的“五个一”发展思路，为南京教育的高质量发展注入持续不断的动力。当然，我也知道为了这套丛书的出版，大伟费尽了心思，他跟我说他要以陶行知办学的事迹为榜样，四处化缘筹措出版经费，找寻出版社确保进度，策划高级别平台宣传，以及筹划、参与各级各类评奖。我希望他能够保持这种工作激情的持续性，将这项工作一直做下去，实现陶公所说的“为一大事来，做一大事去”的理想目标。

合抱之木，生于毫末；九层之台，起于累土；千里之行，始于足下。“南京教育文库”的出版在不久的将来必然会成为中国教育界重要的一棵“合抱之木”、一座“九层之台”。我也衷心希望参与到文库编写工作的同志们千里之行，永不停歇！

是为序。

周洪宇

2022年11月22日

于武昌东湖

（作序者系第十三届全国人大常委会委员、湖北省人大常委会副主任，中国教育学会副会长、中国教育发展战略学会副会长、长江教育研究院院长、华中师范大学国家教育治理研究院院长，博士生导师）

目 录

绪 论

中小学生属于未成年人，他们的心理状态在其成长过程中，极易受到来自生理发育、社会环境、人际境遇、家庭关系和学业成绩等方面的影响而产生剧烈波动。即使绝大多数中小学生都能在个体努力、家庭支持、学校教育和社会促进中保持心理健康的状态，但是也有一定数量的未成年人会在成长过程中出现心理异常状况。短时间的情绪剧烈波动，我们可能称之为神经系统"感冒"了，但如果确诊为心理异常，它更像发生了一场神经系统的"骨折"，这种状态一旦出现常常会让家庭陷入茫然无助、学校帮助无力的困境中。

我国2020年心理健康蓝皮书《中国国民心理健康发展报告（2019~2020）》指出，中国青少年的抑郁检出率为24.6%，其中重度抑郁比例为7.4%，人数上高中大于初中，中学大于小学。当然业内人士均能知晓有抑郁症状并不一定就是抑郁症，真正达到抑郁症诊断标准的学生比健康检测出的抑郁状态数据要低很多。其实抑郁症只是心理异常的一类，还有伴随着焦虑、躁狂、强迫等特征的情绪障碍，以及发育障碍、行为障碍等。其中中小学生常见的心理异常有注意力缺陷多动障碍和青春期情绪障碍等。

学校的心理健康教育注重的是全体发展导向，对于心理异常的学生，普及性的心理教育内容和一般性心理辅导方法对他们不仅低效或无效，还会因为缺少经验、知识和病理意识，使得此类学生的心理疾患隐性发展，错失最佳治疗期，最终导致其问题加剧、社会功能进一步损害。如果单纯依靠医院的治疗，在学生的症状进入缓解期后，也常因难以延续社区、学校康复和改善家庭支持环境，而导致治疗效果维持不佳、复发率增加及愈后不良。

医院心理科、精神科的医生们也不断呼吁，学校和家庭应一起共同参与到未成年人心理问题的预防、治疗和康复体系中来。因此对于此类未成年人的心理救治和心理健康养护，各相关部门已经达成了空前统一的认识，那就是需要在家长的带领、主导下，学校和医院既各司其职，又联动合作，形成“校-家-医协同”的联盟，为心理异常学生的治疗和康复搭建科学救助平台。

本书聚焦的核心内容

本书是在中小学心理异常学生救治需求增加、公众对精神卫生问题的认识有所提升、对相关知识渴求有所深入的前提下应运而生。以中小学生个体和群体心理异常发生、救治和康复支持的现实为例，从学校心理教育视角，以教师、学生和家长三重对象维度，论述在校园开展“校-家-医协同”心育工作的路径。具体落实在以下三个维度：

一是阐述教育领域在中小学生心理异常的发现与评估、转介与康复等过程中的合作形式。医校合作支持家庭和学生个体开展心理援助工作，拓展中小学生心理问题教育与辅导、咨询与治疗相结合的方法，获取临床医学心理治疗与教育心理辅导相结合的实操性经验。

二是建构中小学心理健康教育中的“校-家-医协同”心育工作机制，拓展学校、区域环境中未成年人心理援助工作在组织机构、专项制度和统整协调等方面的具体、可操作的路径。

三是描绘在心理异常中小学生的心理救助中，学校、家庭和医院三方需要开展的协同意识培养、心理知识科普、评估转介流程、家庭教育指导、联盟建构路径等系列工作流程。

本书追求的目标价值

本书希望通过案例实证研究、组织机制探索，完善学校心理健康教育的功能和内容，打破医教系统的壁垒；提供给家庭有针对性的治疗资讯和教育策略；增强多部门、多层级协同工作的效能，为各学校提供工作资源与专业支持；建立中小学心理健康教育中“校-家-医协同”心育工作的操作范式，并实现让学生及家庭获得最大福祉的心育工作目标。

导读

《中小学“校-家-医协同”心育工作路径》主要面向中小学校教师、家长、医学心理工作者及社会心理相关工作者们，尤其是学校心理教师和心理异常学生的家长群体。本书以心理异常中小学生的心理救治工作为焦点，研究在不同的阶段，采用不同的方案组合，以构建学校、家庭和医院三者之间协同工作的路径。在追求文献的科学性和学术前沿性的前提下，本书以家、校出现的现实问题为情境，依托心理学、教育学、家庭教育等相关理论，结合医学心理治疗的常识，力求通过使用通俗易懂的语言，贴近生活实际的案例，介绍给教师、家长、医生以及社会心理相关工作者最新的中小学校心理教育与辅导的研究成果。

作为中小学教师，可以通过路径流程的思维导图和大量案例的呈现，了解心理异常学生的症状和不同阶段的支持方法与策略，增加教育工作的效能和信心。

作为家长，可以通过大量鲜活的案例情境的阅读，获得体验性的感受，找寻自己感兴趣和需要的内容，增加应对中小学生心理异常的相关家庭教育知识与方法，提升心理健康素养，提高家庭心理教育能力。

作为心理医生，可以通过本书增进了解我国当下心理异常中小学生在学校获得心理援助的现状，拓宽对该类型学生开展心理治疗时相关信息的收集渠道。

作为社会相关人群，可以了解目前中小学心理异常学生的救治现状，在可能的情况下参与到救助联盟中，发展社会环境对此项工作的涵容和支持。

本书以理论和案例示范相结合的思路进行观点呈现，并采用思维导图提炼核心观点，帮助读者更清晰了解研究成果和操作路径。其中主要结构如图一本书章节导读结构图所示：

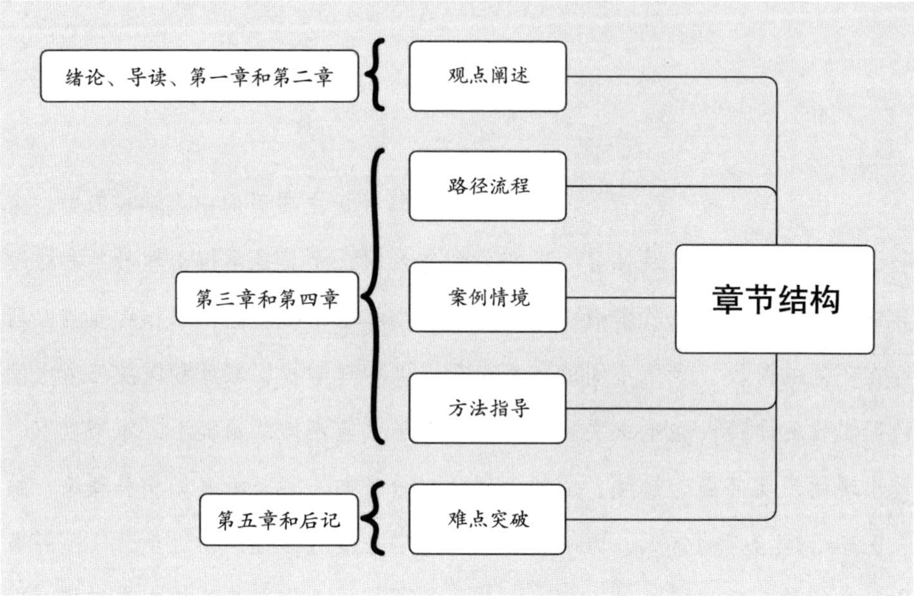

图一　本书章节导读结构图

第一章　中小学“校-家-医协同”心育工作的缘起

学校心理辅导的不到位、低效是目前中小学校心理健康教育工作的一大困境，常常源于师生和家长群体的心理异常知识不足、技能缺乏。简言之就是心理健康素养参差不齐、转介机制缺乏等结果的综合体现。让我们从现实情境中一窥究竟。

现状一：学生无奈的求助与班主任老师的专业知识不匹配

学生：“我觉得很焦虑，想到医院看看，但是我父母不同意，他们说我瞎胡闹，找借口不学习，可我真的撑不下去了。”

老师：“我看你能每天上学、做作业，跟同学相处也正常，焦虑症这个情况我也不清楚，要不你去问问心理教师？”

现状二：焦灼的家长与心理教师共同体验到无力感

家长：“孩子最近两个月来情绪很低落，而且越来越严重。昨晚答应今天去上学，结果早上既不起床又不去上学。出尔反尔，找各种理由不上学，太让人气愤了。老师你能不能给她咨询一下，让她可以正常上学。”

心理教师：“我可以跟她谈，找找原因，但是效果如何我也没有把握，连续两个月的情绪低落且没有诱发事件，可能需要到医院心理科进行情绪状态的检查。”

家长：“老师，我们觉得给孩子心理咨询一下就行了，不需要到医院，没那么严重。”

尽管学生不能到校上课原因各异，但有一种因素会因我们缺乏经验而被忽视，那就是情绪生病。换言之，“感冒”大众都了解，但是“神经系统的感冒”，即便是专职的心理教师，对于未成年人的心理障碍、精神疾病等方面的常识储备也是缺乏的，更何况家长和其他学科的教育工作者。这造成师生和家长努力应对还是难获成效，进而习得性无助感逐渐加剧，成为学校心育工作中的难点之一。

在这一背景下，加强协同的重要性体现出来。1971年德国物理学家赫尔曼·哈肯（Hacken）提出了“协同学”，它是系统科学的分支理论，认为各个事物尽管有不同的属性，但是整个环境存在着既相互影响又相互合作的关系，这样的合作有利于增加效能。人亦如此，每个人都是内在自我系统与外在社会自然系统的结合。人的心理健康受到遗传、家庭、社会以及学校教育等多元因素的影响，可以说心理健康程度是协同水平的反应，协同一致水平高则心理健康程度高，反之则会出现心理异常的状态，因此对于心理异常的治疗和援助如果能调动各部门协同整合、系统调适，就可以增加救治的效能。

一、“校-家-医协同”的提出与概述

（一）起源于“医教协同”

医教协同这一概念的提出，主要聚焦于对医学人才培养的新要求。它主要强调卫生系统和教育系统协调各自的资源共同完成培养医学人才的任务。2014年6月，教育部联合了国家卫生计生委、国家中医药管理局、国家发展改革委、财政部和人力资源社会保障部，共六个部委发布了《关于医教协同深化临床医学人才培养改革的意见》（教研〔2014〕2号）；2017年7月，国务院办公厅又发布了《关于深化医教协同进一步推进医学教育改革与发展的意见》。这些指导性文件的发布，体现了国家对医学人才培养的新要求，即把医学知识的教育与医学临床的实践协同起来，提升医学人才对知识的应用能力。

医学教育也是隶属于教育体统，是教育内容的一个分支。因此在实践中大家对此概念有更多的延伸性运用，超出了当初界定的范围。医疗

和教育协同在中小学校早有结合，校医即是为了未成年人卫生健康而设置的。1868年瑞典已要求每校设一医务人员（即今之学校校医）①，我国19世纪初部分学校在引进西式教育管理、办学经验范式中，也同期引进了该岗位设置，其主要职责包括健康用眼、卫生习惯、紧急医疗救助和各项保健的校内指导，并很快拓展到各类学校中。当今，我国校医在学校除了履行卫生健康促进、简单的医疗救助和转介工作外，有相当一部分还会兼任生理卫生的普及性教育课程，这种岗位设置极大方便了学生的初级诊疗和急救，优化了医疗资源的配置。因此，校医这一岗位是医疗机构和学校教育在机制上协同的体现。

随着时代的发展，精神卫生与健康促进在中小学校被越来越多地关注，心理学的专业性发展和心理健康教育教师岗位的设置，让心理教师承担了学生心理健康促进和救助的工作。但涉及心理治疗等医学范畴的工作时，心理教师不具备医学心理专业背景，学校也缺少成熟的制度保障和操作流程。因此在学校中，心理健康促进和救助工作需要与医疗机构的协同。这也是医教协同时代的呼吁。

（二）发展于“家校协同”

影响人身心发展的因素有遗传、环境、学校教育和个体能动性等。环境因素中的家庭是学生成长的摇篮，家庭也是社会的细胞。绝大多数人都是在家庭中孕育成长的，家庭教育是延续和发展人类文明的一种古老而不衰的手段，它有着自己的规律、原则内容和方法，与学校教育、社会教育共同构成完整的教育体系。1996年学者刘纯姣在《怀化学院学报》发文《学校家庭协同教育构想》在我国首次提出学校与家庭“协同教育”这一概念，倡导形成合作、协同、同步、互补的“协同效应”，双向互动、教育互补、目标一致等也成为家校协同的关键词。

个体成长过程中在家庭所待的时间是最长的，而父母则是我们的人

① 张苏萌、张丹红：《中国早期校医设置概述》，载《中国学校卫生》1998年8月第19卷第4期。

生第一师。社会化程度常常与家庭教育的基础相关，良好的家庭教育，可以帮助个体获得安全感、自信等心理健康的核心要素，再结合学校教育，帮助知识掌握和人际交往实践，使得学生最终成为一个能适应社会的成熟个体。

现代多元化的社会格局使得家庭的变动性也日趋复杂，特别是单亲、离异的家庭和重组家庭数量的日益增多，为家庭教育带来了更为复杂的难题。因而，教师更加需要与家长协同工作，形成对学生教育的合力。

（三）完善于“校-家-医协同”

目前国内外教育界在各自的教育实践中，已经达成“合作共育是培养学生的重要方式”这一共识。早在1841年美国就成立了“女子公共学校联合会”，成为美国家庭教育与学校教育结合的实践范例，至今已有一百六十多年的历史，积累了丰富的经验[①]。虽然，医教协同、家校合作是大家耳熟能详的提法，但是研究者所处立场和对三者关系态度的不同，表述顺序也不尽相同。比如近年来海南中学提出探索“家-校-医”协同模式，呵护学生心理健康，他们的研究模式中把家庭放在首位，并在海南省内推广。

关于心理教育，《辞海》中是这样描述的：是以培养心理素质和解决心理问题为基本目标的教育。而教育部在《中小学心理健康教育指导纲要》（2012年修订）中指出：中小学心理健康教育，是提高中小学生心理素质、促进其身心健康和谐发展的教育，是进一步加强和改进中小学德育工作、全面推进素质教育的重要组成部分。由此可见，心理教育本身是个体系，其中包含多种形式和内容。

本书提出的“校-家-医协同”是立足于中小学校心理教育工作前提下的。以学校为出发点，家庭为核心，联合医疗机构，对心理异常的6—

① 邱芸：《美国中小学家校合作的实践与启示——以佐治亚州梅肯市亚历山大二世小学为例》，载《教学与管理》2014年第11期。

18岁人群开展发现与评估、转介与治疗、辅导与康复支持等系列工作。

二、国内外“校-家-医协同”心育工作动态

（一）国内外学校协同工作概述

心理教育进入校园正如心理学科经典理论的产生一样带有浓郁的医学背景。从19世纪末20世纪初的美国发端，开始在中小学开展独立冠名、学科特点明确的心理健康教育，早期主要开展心理预防和心理卫生等工作，这与医学领域的工作有密切相关性，同时还进行咨询甚至诊断性评价，落脚点在行为矫正上。因此能担任学校心理学家的人需要有医学心理的资质。1905年“比纳—西蒙智力量表”的研发就是得益于比纳教授受邀进入到法国的小学，对学习困难儿童进行研究，从心理科学的视角对此类儿童进行针对性的帮扶。因此心理学科进入学校，是从对心理异常的测评和问题行为的矫治开始的，将医学研究与校园实际需求相结合，共同帮助学生获得成长，使得心理健康教育有了更科学的手段和工具。

目前，国外文献关于中小学心理辅导工作和医学心理治疗协同的研究还比较少见。大多数研究的关注点集中在对身心障碍的医学治疗和学校教育的协同合作，又称之为学校会商制度。西方国家对达到一定残障标准的未成年学生，在学校开展教育工作中有较为完善的会商制度来支持其治疗，以促进康复并降低成年后的残疾程度。欧美一些发达国家，对于身心残疾或者严重障碍的儿童，在其入学后就有专门的协同机制给予保障。比如自闭症患儿在义务教育段公立学校教育中，会享受到包括身体护理和心理教育相结合的协同支持。他们在学校接送的公共交通中会获得特殊服务，提供轮椅和专门的助理等。该类学生在学校还可以得到专门的训练以助其获得康复。每学期学校会对其认知、行为、智力和言语等多维度进行阶段性评估，与家长汇报情况并共同讨论新的协同教

育计划，孩子升学时会有档案资料和教师情况介绍等衔接性支持。

因此，将医学治疗引进学校教育，协同对特殊儿童进行治疗、康复和健康促进，已经有超过百年的历史。但是，不同时期协同的重点有所不同，近现代学校教育中对心理异常学生的协同帮扶越来越受到重视。学校心理老师、社工、医务人员与家庭共同形成了会商制度中的工作群体，他们在资源运用、专业分工、信息整合等方面合力救助残障学生，已经逐步形成了制度。

这种发展趋势在国内也有体现。我国的学校教育与世界教育发展既有整体发展的同步，也有不同文化和社会制度背景下的个别化特色。在儿童和学校心理健康服务工作上，在心理异常学生的协同教育方面，我们从理论研究到实践探索一直没有停止。比如，从模式研究的角度，我国学者提出多重理论探究的成果，张冲和孟万金教授提出可分为四类，分别是医学模式、社会学模式、教育学模式和心理学模式①。另外还有国内学者分别提出的四结合式、五结合式和六结合式等模式，这些模式的提出虽然各有侧重，但是其中均包含有学校、家庭和社会等部分相互协同开展心理教育工作的内涵，有些侧重在心理辅导中注重学生个别辅导与家庭咨询相结合上；有些侧重于形成家、校、社教育网格的建设上。

近年来融合教育的发展使得特殊教育和普通教育不断结合，为残障儿童的社会化康复奠定了理论和实践的基础。无论是国家层面还是省、市教育行政机构，已经从政策指导层面走进了校园工作层面，开始在普通学校培养有能力开展融合教育的教师，目前接受培训的对象主要是义务教育阶段教师。

融合有取各家之长、再生成的意思，是另一种意义的协同。可以说通过对身心残障学生的协同教育，我们已经积累了大量的协同工作的经验，这些经验包含有制度、机制、内容、做法和途径等诸多方面，为在

① 张冲、孟万金：《国内外中小学心理健康教育模式述评》，载《中国特殊教育》2006年第3期。

中小学开展心理异常学生的协同工作奠定了基石。

（二）“校–家–医协同”心育工作的现状

在中西方心理教育中，协同的理念和实践不断发展，已经成为心理健康教育重要的特征，以及多方联动协同服务于心理异常学生的重要人文基础。随着物质文明的不断发展，精神健康越来越被人关注。今天社会的发展，心理学家们已经提出心理健康素养是当代人必不可少的素养之一，其中就有心理异常的自我发现、预防和协同养护的维度，而现实社会中大量的民众还缺乏对这一素养的重视。

1.心理健康与心理异常的时代观点

中西方学者认为心理健康素养主要包含知识、技能和态度三个维度。

> 国家卫健委《心理健康素养十条（2018年版）》
> 第一条：心理健康是健康的重要组成部分，身心健康密切关联、相互影响。
> 第二条：适量运动有益于情绪健康，可预防、缓解焦虑抑郁。
> 第三条：出现心理问题积极求助，是负责任、有智慧的表现。
> 第四条：睡不好，别忽视，可能是心身健康问题。
> 第五条：抑郁焦虑可有效防治，需及早评估，积极治疗。
> 第六条：服用精神类药物需遵医嘱，不滥用，不自行减停。
> 第七条：儿童心理发展有规律，要多了解，多尊重，科学引导。
> 第八条：预防老年痴呆，要多运动，多用脑，多接触社会。
> 第九条：要理解和关怀精神心理疾病患者，不歧视，不排斥。
> 第十条：用科学的方法缓解压力，不逃避，不消极。

知识维度主要聚焦在心理健康的常识上。关于心理健康，国际心理卫生大会于1946年定义为：“所谓心理健康是指在身体、智能以及情感上，在与他人心理健康不相矛盾的范围内，将个人心境发展成最佳的状态”，并明确提出了心理健康状态的四个标志：一是身体、智力、情绪十分协调；二是适应环境，人际关系中彼此能谦让；三是有幸福感；四是在职业工作中，能充分发挥自己的能力，过着有效率的生活。

世界卫生组织（WHO）于1948年把健康定义为：不仅是没有疾病或不虚弱，而且要生理、心理和社会功能保持完好状态，并于1992年提出关于心理健康的7个标准，分别是智力正常；善于协调和控制情绪；具有较强的意志和品质；人际关系和谐；能动地适应并改善现实环境；保持人格的完整和健康；心理行为符合年龄特征。

心理异常的表现主要呈现在认知、情绪和行为的不一致性上。这种不一致常体现为个体没有能力按照社会认可的样态行动，包含多种不同类型的心理和行为失常。心理异常在不同国家、不同系统有多维度的分类方式，比如2022年世界卫生组织发布了最新修订的《国际疾病和有关健康问题的统计分类》（ICD–11），其中第六章罗列了最新的精神疾病诊断参考标准。从ICD已经修订编号到11，可见医学本身也在不断发展。一般来说无论哪种分类方式，都会聚焦在认知障碍、情绪障碍和意志行为障碍这三个维度，并且还会标注轻重程度。

中小学生，尤其是生理和心理发育波动较大的青春期学生，他们处于情绪障碍的高发期。中学生常见的心理异常、精神障碍有抑郁症、躁郁症、焦虑症、强迫症、恐惧症、疑病症、进食障碍、精神分裂症等。目前患病人数较多、存在自杀危机风险较大的是与抑郁症或者双相情感障碍相关联的心理异常。小学生常见心理异常主要有注意缺陷多动障碍、对立违抗障碍和抽动障碍等。

郭念峰教授提出的区分心理正常与异常的三条原则至今在我国被广泛使用，它们分别是主观世界和客观世界统一性原则、心理活动内在协调性原则和人格的相对稳定性原则。从中小学生的现实例证中可以增加对这三原则区分的理解。（如图二）

心理素养的技能维度倡导每个人都要有一定的情绪调节、危机识别和心理急救能力，能觉察到情绪调适能力下降并积极寻求资源救

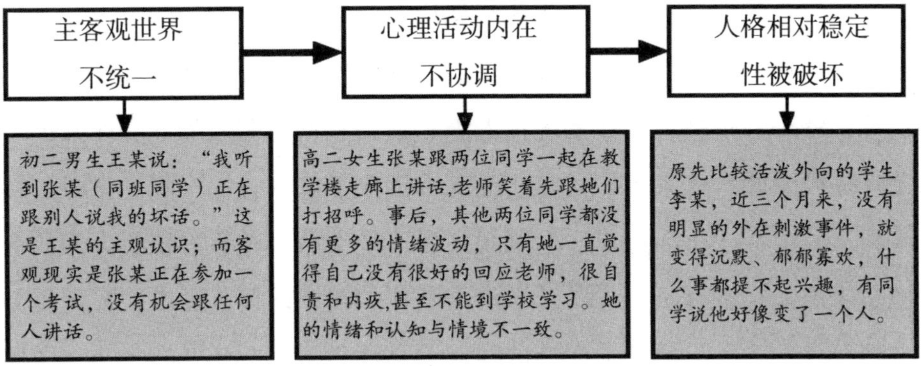

图二 案例区分心理正常与异常三原则

助。心理素养的态度维度是心理健康素养中最为深奥，也最难培养的。因为不仅需要具有积极预防心理疾病的意识，还需要着重树立个体对心理疾病正常化的态度。相当一部分认识与态度会跟当下的主流论述有冲突，比如大众谈到心理疾病在接受度上与其他躯体化疾病相比明显较低，部分人群对于身患心理疾病会产生病耻感，这些既不利于此类疾病的治疗，还对促进社会心理健康发展水平起到阻碍作用。所以在心理健康素养中需要着重树立个体对心理疾病正常化的态度，进而提升足量足疗程的专业医学心理治疗和教育心理辅导相结合的意识。

> 问问你自己
>
> ▷ 你拥有哪些心理健康的常识？
>
> ▷ 你会从哪些渠道获取这些常识？
>
> ▷ 你能对心理健康和异常状态分别说出1-3条吗？

2.学校心育工作机制的初建

时代变迁，教育发展，再加之近年来疫情的影响，青少年身心均衡发展理念成为全社会的共识。目前国家倡导、多部委联合、教育部门落实的中小学心理教育制度体系不断更新、完善。校、家、社合力促进未成年人心理健康的理念已然形成。

校园普及性心理教育工作体系架构有成。从教师配置的专业化到场地设置的规范化，从师资培训中增添心育内容到学校心理课程体系渐趋完善，整个心理教育工作系统在人力、财力和物力等保障下有序开展。尤其是校园课程体系上，目前已经基本形成了以自我、人际、学习、情绪和三“生”（生活适应、生涯规划和珍爱生命）教育为核心内容的心理专业课程；有以班会、团队活动为载体的活动课程，逐步扩大到贯彻心理教育理念的学科教学渗透课程；也有针对问题而开展的个体、团体辅导课程；更有面向师生和家长的群体宣讲课程。

学校教育能起到效能的受众对象是健康心理状态的学生，普及性的教育对心理异常的学生因缺少针对性而很难起效，因此协同工作成为学校心理教育工作的难点。中小学危机事件的背后常有此类学生的影子，他们需要开展及时的医学诊治，以家庭为核心纽带的医教协同才能促进学生获得康复，家庭获得幸福，校园安全得以维系。

（三）协同工作需要依法遵规守伦理

协同工作需要在遵守国家法律法规的前提下开展。近30年来我国多次发布纲领性指导文件，加强中小学心理健康教育工作。1994年中共中央、国务院发布的《关于进一步加强和改进学校德育工作的若干意见》就明确提出：“要通过多种方式对不同年龄层次的学生进行心理健康教育和指导。”在2001年3月发布的《中华人民共和国国民经济和社会发展第十个五年计划纲要》中，提出“加强青少年的思想政治、道德品质、心理健康和法制教育”，这是我国第一次把青少年的心理健康教育纳入国民经济和社会发展的五年规划。2002年《中小学心理健康教育指导纲要》出台，2012年修订版中明确指出：要认识心理异常现象，掌握心理保健常识和技能。

把医学治疗与教育辅导同时结合提出的文件是在2006年6月发布的《中华人民共和国国民经济和社会发展第十一个五年规划纲要》，其中提出要“加强心理健康教育和保健，重视精神卫生及疾病防治。”2008

年卫生部、教育部等17个部委联合下发了《全国精神卫生工作体系发展指导纲要（2008年—2015年）》，其中提出："增加中小学专职心理教育工作者的配备，降低儿童和青少年精神疾病和心理行为问题发生比例……整合调整现有资源，健全精神卫生防治服务网络。"2019年12月，国家卫生健康委、中宣部、教育部等12个部门印发《健康中国行动——儿童青少年心理健康行动方案（2019—2022年）》，提出到2022年底，各级各类学校要建立心理服务平台或依托校医等人员开展学生心理健康服务，学前教育、特殊教育机构要配备专兼职心理健康教育教师。

与此同时，家校合作开展心理健康教育工作的指导性文件在近年来也不断增多。2020年4月24日，教育部中小学心理健康教育专家指导委员会在《给全国中小学校新学期加强心理健康教育的指导建议》中提出加强家校沟通，指导家庭教育，协助家长建立良好的亲子关系。2021年7月7日，教育部发布《教育部办公厅关于加强学生心理健康管理工作的通知》（教思政厅函【2021】10号），提出要增强学校、家庭和社会的合力。2021年9月，教育部、发展改革委、财政部、卫生健康委、市场监管总局等五部门联合印发《关于全面加强和改进新时代学校卫生与健康教育工作的意见》，这是新时代学校卫生与健康教育工作的纲领性文件，提出把"健康第一"放在非常重要的位置。

心理咨询有专业伦理。在遵守国家规范文件的同时，也需要遵守本专业的伦理要求。2007年中国心理学会授权临床心理学注册工作委员会制定《中国心理学会临床与咨询心理学工作伦理守则》，并于2018年再次修订。该守则明确提出心理工作者需要有善行、责任、诚信、公正和尊重的职业态度，其中与转介和协同工作相关密切的伦理要求有知情同意、保密例外和信息披露范围等，均应以来访者的利益为最大福祉来考量。

在中小学心理教育中开展"校-家-医协同"心育工作，需要依法遵规守伦理，这些都是工作机制与效能的保障，同时也是对协同多方工作进行的规范和指导。从上述纲领性、指导性文件的颁布中，不仅能看出中小学生精神卫生被重视与关注，而且在全社会范围内强调了“校-家-医”的协同教育，这是当代学校心育工作的时代重点。

三、中小学“校-家-医协同”心育工作路径的相关概念

协同工作一词在中小学心理健康教育工作中并不陌生。1879年冯特创建第一个心理学实验室，标志着科学心理学的诞生，近现代科学心理学也随着社会进步不断发展。尤其是其进入校园，与学校教育相结合的初衷，与医学救治密切相关。被尊称为“世界学校心理健康教育之父”的比纳教授，在1894年率队进入小学对学困儿童进行智力鉴定研究，开启了中小学心理教育工作。可以说科学心理学进入校园本身就是医学知识和教育协同的结果。而现今的学校心理健康教育也是教育学、心理学、社会学等多种类学科，是当下社会需求和实践协同的产物。

（一）中小学心理健康教育

“中小学”是小学和中学的合称。中小学心理教育是指对6—18岁年龄段的中小学生开展心理健康教育工作。一般来说心理健康是指具有良好的、持续的心理状态与过程，在中小学生身上主要体现为有积极发展的心理状态和无心理疾病两方面。教育工作需要遵循其身心发展的规律，以国家出台的《中小学心理健康教育指导纲要》（2012年修订）为基本目标与内容，运用心理学科的专业方法，开展促进学生心理健康及发展的教育活动。

目前我国中小学心理教育工作依据人本教育理念和积极心理学理念，结合《中小学心理健康教育指导纲要》（2012年修订）中心理健康教育的途径和方法的要求，将心理健康教育贯穿于中小学校教育教学全过程。既有面向全体的群体性教育活动，也有面向个体的辅导工作；并在群体性心理健康保障与促进的教育过程中，最大限度地预防学生发展

过程中可能出现的心理行为问题。

在学校教育中课堂是实施教育行为的主阵地，其中最常见的是心育活动及课程。另外有心理辅导、转介协同、危机干预、宣传拓展、科研测量和档案管理等内容。如图三中小学心理教育主要工作类别图示。

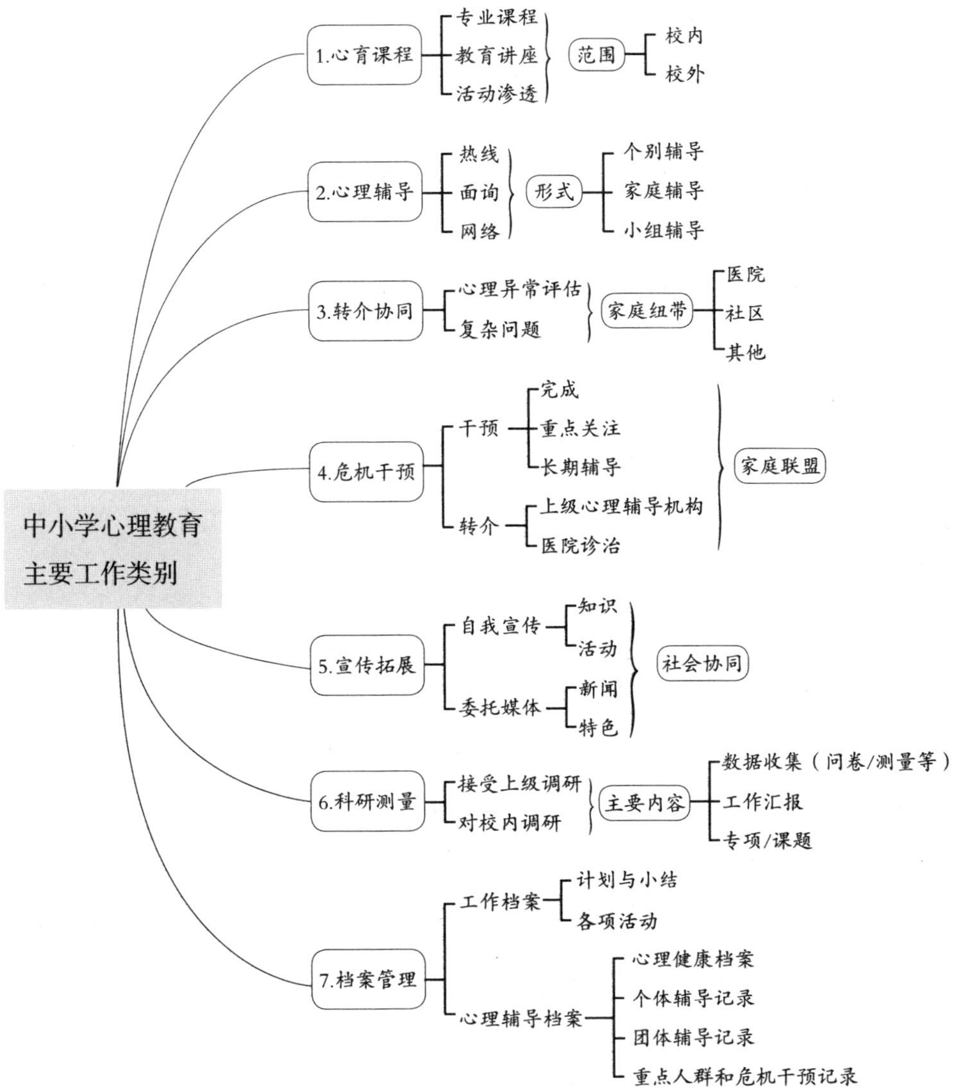

图三 中小学心理教育主要工作类别图示

面向群体的心育课程和个别化的心理辅导，在校外的各类媒体、社会资源中也有涉及，校内外相互交织形成协同的心育课程体系，两者相互补充，可以满足学校群体中绝大部分学生心理教育的需求。而转介协同主要是面向极少数的心理异常或需要多部门联合帮扶的复杂问题的学生开展的工作，虽然人数极少，但是在学校中的影响很大，如果不能及时开展有效的帮扶救治，其中部分人群有可能发展成为危机人群。

（二）融合教育和特殊教育

目前国内大力发展融合教育，让部分特殊儿童在普通学校中接受教育，打通了普教与特教的彼此独立体系，意在形成一种融合的模式，以帮助部分特殊儿童尽早适应社会生活，减轻残疾程度，提高生理自理能力和心理健康水平。特殊教育学校招生对象主要是身体、精神障碍达到一定残疾程度的未成年人，其中部分程度较轻的学生会成为融合教育的对象。在融合教育中，有类似特殊教育学校的很多协同经验，其中医教协同、家校协同的工作方式较为成熟，不少特殊教育学校与医疗系统有专门的合作项目，为需要频繁、长期就医和进行行为矫正性训练的特殊儿童就医提供绿色通道。

“校-家-医协同”心育工作是在普通中小学中对求学过程中出现心理异常的学生开展的协同支持方式。普通学校中心理异常学生与融合教育中的学生并不相同，即使某些症状有相似之处，但是其疾病的产生、愈后及其对身心的影响等均有很大的不同。因此普教中的“校-家-医协同”心育工作方式，会借鉴特殊教育和融合教育中已有的、与医疗机构协同的经验，同时也会根据心理异常学生诊断、医治过程和康复过程中的具体需求，开展个性化协同支持工作。

（三）“校-家-医协同”心育工作

通过对中小学心理教育工作的内容解读，我们不难看出，转介协同和危机干预两项工作中亟待开展多部门的协同合作。基于中小学生的特殊性，学校心理辅导、危机干预和医院心理治疗之间的互转工作均需要在学生监护人的同意下，协同才能得以实现。

“校–家–医协同”心育工作指在面向中小学生开展的个体心理辅导活动中，针对有心理异常需要医学诊断或治疗的中小学生，通过科学便捷且明晰的流程，以家庭为核心纽带，搭建校内外心理辅导机构和医院心理诊治之间的双向转介桥梁，减少危机事件的发生，帮助这类中小学生及家庭及时开展最恰当的心理治疗与辅导，助力中小学生的心理康复，促进其身心健康成长。

双向转介是协同工作中的重要桥梁。一“向”是当中小学生出现需要进行医学鉴别诊断，以确定是否存在心理异常时，学校、区、市教育系统的三级心理辅导机构有一套便于操作、指导性强的转介流程，帮助中小学生及其家庭及时就医；另一“向”是当中小学生医学治疗到康复阶段，在医嘱下可以结合心理辅导时，学校、区、市教育系统的三级心理辅导机构及时接待并转入常规辅导的流程，为中小学生的心理康复提供及时有效的支持，促进其社会功能的恢复，帮助中小学生提升心理健康水平。

“校–家–医协同”心育工作也是中小学生生命教育和生命救助的重要环节。心理异常学生中尤其是抑郁症和双向情感障碍这两种心理疾病，自杀意念是其常见症状之一，他们的自伤、自杀行为发生率较之其他心理异常学生更高。生命是个过程，在不同的人生阶段，生命发展的课题不尽相同。对未成年人开展生命教育，既需要尊重生命个体的独特性，又需要遵循生命体发展的普遍规律，再配合个人和社会的需求，对心理异常学生创设协同救助的机制，是对中小学生生命教育工作的有效落实。

心理学在其产生和发展过程中一直贯彻着治疗心理疾病，增进人类幸福体验的重要使命。因此心理科学产生至今，无论是研究还是实践都肩负着行为观察、情绪与认知的解读和社会化的矫治任务。心理健康状态是主流并且被绝大多数人群所拥有，但是也有一定比例的少数人群处于亚健康状态甚至是心理异常状态。即使是未成年的中小学生群体也有一定数量的心理异常人群。此类人群因认知、情绪和行为的不一致性，必然导致其在学校教育中会遇到各种难以适应的状态，不仅影响着个体的生存与发展、家庭的幸福感，而且使得学校的群体教育受累，并由此带来诸多问题。

第二章　中小学“校-家-医协同”心育工作的路径

中小学生心理健康的发展需要专业方法来养护。基于当前学校心理教育现状，对心理异常学生提供的帮助具有明显的局限性，不仅体现在心理教师工作胜任力不足上，也体现在不能违背法律法规、心理专业伦理限定的工作范围上。本章节将以学校心育工作的现状为起点，探索中小学生心理异常的发现鉴别、转介治疗和康复支持的工作机制，明确校转医、医转校的工作流程，以优化中小学校对心理异常学生及家庭心理支持的效能，并探索出减少相关危机的救治路线，从而促进中小学生及其家庭成员的心理健康发展。

一、工作机制：“校-家-医协同”的系统结构

（一）协同联盟的运行

工作机制是个系统概念，一般指在人、事和物之间的程序、规则等的协同与运转，以保障某一项具体任务能够完成。任何工作都是系统作用的结果。学校心理教育工作是学校教育工作这个大系统中的一部分，而针对心理异常学生开展的心育工作又是学校心理教育工作中的一部分。在中小学心理教育的主要工作中，还有心育活动课程，个体和团体辅导、重点关注人群“一生一策”工作、危机干预、宣传拓展、科研测量和档案管理等。

以人的角度从“校-家-医协同”心育工作机制中看待对象人群，主要有心理异常学生及教师、家长和医生等需要参与协同的相关人

群，从未成年人隐私保护和心理辅导的保密伦理等角度，即使班级同学或学校中与当事学生关联度较少的教师，也需要我们在工作中注重保密，为心理异常学生最大化地创设适合其康复的、充满人文关怀的学校生活环境。

以事的角度从“校–家–医协同”心育工作机制中看协同的内容，包含有家庭和学校生活中对学生心理异常的发现和评估、转介就医诊断与治疗、康复支持三个基本环节，在不同的环节其特征各异，需要有相匹配的支持方式与途径。学校对心理异常学生开展的工作，是学校心育工作中的一个部分，还需要跟普及性心理教育等其他工作相互协同。

在整体工作机制的架构中，我们采用了多种方法来帮助开展机制的架构。最先采用文献检索法，了解“医教协同”“家校合作”“会商制度”等协同心育工作在国内外的研究状态，为本研究路径奠定理论和前人实践的基础。我们通过访谈法，对中小学心理教师、德育部门工作人员、区域未成年人心理辅导公益机构管理人员、医院心理科医生进行访谈，了解当前各环节的工作开展情况，对实际状况进行摸底。此外，了解他们在工作中的困难与疑惑，从而为机制创设提供符合实际需要的假设。在心理异常学生的心理辅导中采用问卷法进行研究，用前测后测的方式对“校–家–医协同”心育工作中的需求和效能进行调研，从而验证本工作路径的实践效用。我们还聚焦在行动研究上，在区县和市级教育系统主办的公益心理辅导机构中，综合运用多种研究方法与技术，不断践行心理异常学生“校–家–医协同”心育工作，探究在学生、家长、学校、区和市教育系统主办的心理辅导机构、医院和社区等多部门协同的一种可操作性的机制。具体结构如图四“校–家–医协同”心育工作系统结构图。

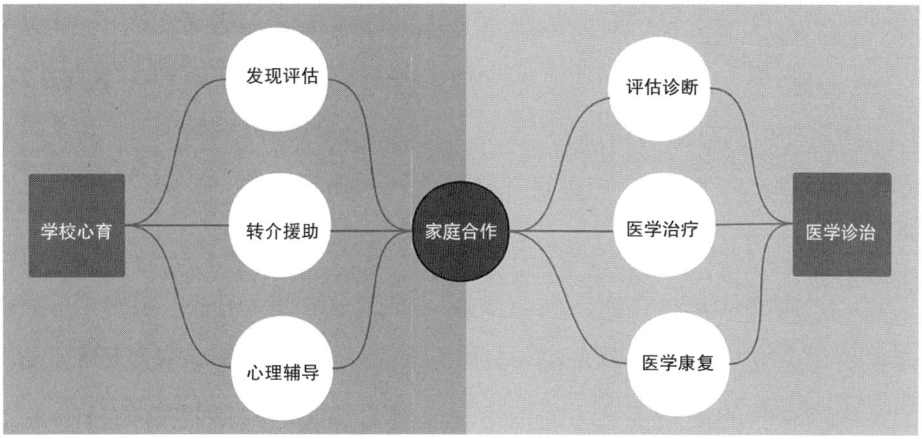

图四 “校-家-医协同”心育工作系统结构图

（二）家庭是协同工作的核心环节

对心理异常中小学生开展心理教育中的医教协同工作，最重要的就是家庭在协同工作中的作用，这是该项工作的核心环节，同时也是协同工作能够运行顺畅并且获得成效的基本保障。让我们从一个家庭心理辅导的案例情境开启探索。

案例情境一

一家三口进入到心理辅导室。因抑郁发作休学在家的初二男生李明（化名），半年前住院治疗一个月，目前休学在家服药治疗定期复诊中。李明在辅导室中基本不讲话，母亲说孩子近半年来不出门，也不理人。出院第一个月生活规律性还可以，但是现在越来越没有规律，玩手机打游戏缺少时间把控，常常到凌晨3点才睡觉，早上10点之后才起床。服药不规律，漏服和少服的情况时有发生。眼看着休学一年的期限已经过了一半，很担心不能按时复学，前途堪忧。母亲说自己焦虑、着急、担心、憋屈、厌烦、生气、愤怒，都要抑郁了。父亲也是既焦虑又无奈，但是也意识到现在自己就是家里的精神支柱，妻子动不动就哭，又不敢跟孩子发脾气。夫妻两人不可避免的有相互责怪的情况，冷静下来后也会反思家庭教育中可以调整的部分。

整个辅导中基本是家长在跟心理教师沟通，互动沟通是顺畅的，但心理教师多次努力也没有办法跟孩子用言语表达的方式建立连接。这也令家长很失望，因为他们前来辅导最大的期待是：心理教师能够直接与孩子沟通并提供有效的帮助。

这只是一个心理异常未成年人家庭辅导的缩影。这些家庭还有一些类似的困扰，比如一位父亲说："孩子休学在家，是我自己做家长的失败。"这种认知是导致内疚的重要因素；一位母亲说："孩子因为心理疾病休学在家，在单位里都不好意思跟别人说。"这是病耻感而造成的焦虑。家长的无奈、无力的情绪和强烈的求助动机，都在反复呐喊："我们需要专业帮助，请帮帮我们。"

在辅导中发现家长被困扰于孩子的症状，反复表示担心和痛苦的都是孩子的病症，失望于无法正常上学或者复学，这与当今社会人群普遍缺少心理异常知识相关。家长群体不仅对心理异常的症状不了解，而且对于同类型的病症也存在较大的个体差异性现象并不知晓，当孩子有些退行的言行时不能觉察到这是症状的反应，就会增加父母的负性情绪，焦虑、恐惧、愤怒、羞耻羞愧、自责甚至绝望感等不断涌现，这对孩子的治疗与康复是不利的。

我们应当让家长认识到，中小学生心理异常的医教协同诊治和辅导是一个长期过程。"校-家-医"的协同工作是加速这一过程的重要组成部分，而在协同工作体系中，家长的有效合作是这一纽带的核心。那么，如何帮助家长发挥出核心纽带的功能呢？这就需要学校与家长的智慧和创造性参与。总体来看，我们可以从以下三方面开展工作。

一是给予深度的共情。[①]几乎绝大部分心理异常学生及家庭对心理疾病症状、治疗和护理等缺少常识，普遍都没有做好需要1至2年甚至更长期的应对准备，从而导致在治疗过程中缺乏耐心、随意停药、不能做到足量足疗程治疗，常常提出"怎么还没好、是不是好不了"的提问，这些不仅会加剧家长的无奈、无助、无力感、焦虑和恐惧等情绪，也不利

① 王天文：《学校心育工作"医教协同"路径思考》，载《江苏教育》2022年第40期。

于学生的康复。即使很多国家和地区致力于精神疾病的去污名化并已经取得一定成效，但不可否认现今社会的部分人群对患有心理疾病仍然存在羞耻感，他们会与尊严感、自我价值感相联系，出现讳疾忌医、回避的状态。这类家长对孩子问题情况的解密程度格外敏感，这也是我们需要予以理解、保护和引导的部分。

二是保持尊重的态度。几乎所有青少年的心理异常，正确的早期干预都能够得到更好的愈后效果。而家长是孩子早期心理异常表现重要的发现者，在协同工作中支持、呵护家长群体比指导他们更重要。这就需要我们关注自身的工作方式，特别是在转介工作中心理教师需要耐心介绍就医流程的常识等信息，让家长在过程中感受到支持而不是被指责。

三是解决实际的困难。从实际存在的困难出发，给予家长支持帮助，有利于家校协同的快速构建。从辅导调研中我们发现此类家长群体有着一些共性的迫切需求，诸如心理障碍日常生活中的识别、症状表现、就诊途径、就诊表述、家庭护理注意事项、能否不吃医生开的药仅做心理辅导、何时能够复学等。在工作中能够积极帮助他们寻求问题解决的途径，才是真正把对家长的支持落到实处。因此，在学校日常心育工作中，可以开展心理异常学生的表现常识方面的宣讲等，着重对家长容易忽视的因抑郁等心理异常而导致的自杀风险进行告知，同时创建对休学中的学生及家庭开展离校支持机制，指导家庭做好复学前的身心准备。

（三）转介是协同工作的关键环节

转介在心理辅导中是一种常见途径。心理辅导人员通过信息收集、访谈，对个案进行概念化等评估工作，对来访者的问题进行本人胜任力、法律要求和伦理规范等界定，寻找最佳适配性支持工作的方式。心理辅导的转介在中小学校常有两种类型，且均呈现为双向流动方式，核心执行者都是家长。

第一种类型是指向学校内外教育系统心理辅导机构的双向转介。部分心理异常学生在辅导中需要由学校转向校外心理辅导机构，其主要原因有当事学生、家长不希望由本校教师开展辅导，或者本校无专职、兼职心理教师，或心理教师评估自我胜任力不足等情况。校外心理辅导机构尤其是教育系统的公益心理辅导机构在进行辖区内学生心理辅导时，经过评估与学生和家庭协商，既可能留在本机构进行心理辅导，也可能转向由学校心理教师接手下一步的心理辅导，还可转介医院进行诊断。

案例情境二

学校转介教育系统的公益心理辅导机构情境：初三（1）班的女生小娟（化名），找到学校心理教师，希望能够推荐靠谱的校外心理咨询机构及预约方式。老师介绍在校、区和市教育系统有三级公益心理辅导机构可以选择，最方便快捷的就是学校心理辅导中心。小娟表示自己不想在学校进行辅导，于是老师推荐了区级和市级教育系统公益心理辅导机构的热线电话和面询预约方式。

另一种类型是学校/家庭与医疗机构互转。心理教师对学生的心理问题进行了解、评估后，发现问题的程度可能超出了学校心理辅导的工作范围，认为学生有需要进行医学专业诊断，就会启动联系家长共同落实转介医院诊断工作。而在医疗机构治疗了一段时间后，医生评估心理辅导对学生的康复开始起作用之时，也会在医嘱中写明结合心理辅导对学生进行心理康复支持。

案例情境三

学校转介医院诊断情境：四（3）班的班主任带着学生小虎（化名），找到学校心理教师，提及他的主要问题有：上课听讲注意力集中时间很短，面对老师提问也不知道在问什么。经常东张西望或是发呆。有时爱做小动作，如玩钢笔、捏橡皮、抓耳挠腮、身体乱动、听到外边的声音就会转头等；看书时会跳字跳行，朗诵时丢字添字，爱看漫画书，不喜欢阅读文字书；体育课上做动作经常同手同脚等。心理教师询问这样的情况有多久、家庭教育的一些信息之后，觉得最好家长能带孩子对其情况进行医学专业评估，排除注意力缺陷多动障碍的可能。这将有可能进一步精准的制定帮扶计划。

校转医的校园协同。对于这一种方向的转介工作，主要面向心理异常的中小学生，学校和医院各有侧重、联合支持。学校做出需转介医院进一步诊断的评估后，应及时跟家长会谈落实转介行动。这一过程极具专业性，通常需要对家长进行专项心理辅导。此时学校如果能介绍就医流程信息等，可以有效降低学生和家庭的焦虑情绪，促进转介及时落实。

实际上部分家庭在学校通知会谈之前已经就医，常常是学校建议后家庭反馈已经有医院诊断并正在治疗中，这样的情况既验证了学校评估的正确性，也提示我们信息沟通如果不畅，则会造成学校对此类学生支持的滞后。

医转校的校园协同。一般来说医院诊治包含医学评估诊断、医学治疗（包括药物治疗、心理治疗和其他有需要的治疗方式）和医学康复（药物和非药物治疗）。除了住院治疗的阶段外，其余阶段的学生患者既可能在学校，也可能病假或休学在家。

案例情境四

医院治疗转介学校辅导情境：高一（6）班女生小玟（化名）的母亲找到学校心理教师说："女儿本学期因为头疼、心慌多次请假，有时半天、有时两节课。一个月前感觉女儿情绪很不对劲，莫名的心慌，总是过于担心各种事情，并且与客观实际不符合。一开始是担心校服来不及洗干净，上学受到影响，家里为了让她安心，就多买了两套校服。可一周后她又因为同桌中午吃完饭后跟前排的同学去小卖部买零食没有喊她，担心同桌会不喜欢她。"父母劝小玟这样的情况不能代表别人不喜欢你。但是这些沟通都没有效果，她的状态越来越不好。到脑科医院就医诊断为中度焦虑症，服药治疗并开了两周的假条，下周即将回到学校上课。医生建议最好能辅助进行心理辅导，因此希望学校老师能给小玟每周定期进行心理辅导，并且保密。

学校此阶段的工作主要在于：校内建立重点学生心理档案制度，成立由分管领导、年级组、班主任以及心理教师等共同组成的校内支持小组。

通过与家长沟通和对学生的观察，针对不同病情、病情不同阶段、不同家庭背景的孩子，在法律和心理辅导伦理允许的范围内制定“一生一策”关注方案。对于正在住院治疗或急性发作期的学生，学校应评估并告知家长风险程度，心理教师可先对家长的焦虑、无助感等情绪进行辅导，再调整状态支持其带着孩子积极配合医院的治疗。对于缓解期和康复期的在校学生，学校则根据其认知、情绪和行为的协调一致性程度，在动态评估中给予定期、稳定的心理辅导支持。这对班主任教师的日常观察能力和专业心理教师的辅导能力有一定的要求，因此学校教师特别是心理教师群体需要增加相关知识的培训来保障此项工作的顺利进行。

二、工作流程：以家庭为中心的“校-家-医协同”

（一）学生心理异常的校园发现与评估

发现学生的心理异常是整个“校-家-医协同”心育工作的起点，更是后续转介工作的前提，发现的方式和水平，因人群不同，故而其重点也不同，比如家长、班主任，因为没有心理专业背景，比较多的是从经验和本人的心理健康素养的角度去发现，而心理教师或有心理专业知识背景的其他成年人，则可能用更为精准的评估维度来工作，我们又称之为工作诊断。无论是生活经验的发现，还是校园心理专业工作诊断，其重心都体现了这是一个评估环节。学校教育中一般有常识经验、生活观察和心理测验三种心理评估的方式（如图五所示）。

图五　家校发现评估示意图

1.常识经验的发现方式

主要指大众对健康的心理状态都有一般性的经验认知，再结合教育工作者专业性知识而开展的一种评估。心理健康一般是指：智力正常、情绪稳定、心情愉快、自我意识良好、思维与行为协调统一、人际关系融洽、适应能力良好。绝大部分人都是处于健康状态的，所以大家对此状态是最熟悉的，几乎所有的体验都是对正常状态的认知，只要我们有所关注、觉察，对非常态的心理状态是可以识别的。

案例情境五

情境对比分析理解：A、B两个初三的学生在体育中考之前，他们都选择了3分钟跳绳的项目，这个项目要想过关对他们而言都有困难。A同学和B同学应对的方式有所不同。A同学要求自己每天拿出10分钟的时间来练习。而B同学一想到这件事情，就感觉压力比较大，很焦虑，并且跟家人和同学反复抱怨"为什么体育中考要设置在跳绳和跑步项目中二选一，自己这两个项目都不是强项。"一个月后，A同学跳绳水平有所提高，B同学没有改变。结果B同学情绪更加焦虑、低落和愤怒。

分析：从情绪稳定、心情愉快、自我意识、思维和行为的协调一致以及适应能力上，A同学在心理健康程度上明显比B同学要高。我们从心理维度仔细分析一下B同学。

认知上：存在缺少弹性和偏激的现象，这使得个体适应性受到影响，并会导致负性情绪不断产生。"为什么只能在跳绳和跑步项目中二选一"这样的认识表达能看出他缺少换位思考的意识，同时其个人的认知弹性不足表现为社会适应性的困扰。主动适应环境和生活的能力不足也有所体现。

情绪上：不够稳定，一想到这件事情绪就会被激惹出生气、焦虑、难过等负性情绪，且强烈程度较高。

行为上：不练习跳绳。行为会受到认知和情绪的影响，当他处于抱怨、甚至觉得不公平等的认知和情绪中，行为上的主动积极向上的部分就会受到抑制。

当然，B同学的言行还远远达不到心理异常的鉴别，只是以此为例让我们认识到生活经验和常识，是可以帮助我们对人的心理状态自发地开展评估的。比如大家比较容易就能发现的心理异常是主客观世界不统一的异常情况，而这类常常是精神疾病的典型表现。比如有个中学生很认真地跟父母说："我耳朵里装了一个蓝牙接收机，每天晚上9点能接收到某某骂我的声音，他们总是在监视着我，我感到很害怕。"这样的主观感受与客观事实明显不符合的情况，比较容易产生心理异常的鉴别意识。

2.生活观察成为大众对心理异常最普遍、最便捷的发现方式

心理异常具有隐蔽性、多样性、波动性等多重特征，使得大家缺少敏感度，生活中能观察到的异常凸显在言行上。人本主义心理学家柯克·施耐德说："行为异常指的是与年龄不相适宜的偏离行为，它显著地妨碍儿童的成长与发育，妨碍他人的生活。"虽然一般人使用常识经验能鉴别出很严重、很明显的心理异常，但不少未成年人在身心发展中的心理异常，因其症状表现存在个体差异性大、波动性强等特点，常常让一般人群忽视鉴别，仅仅认为孩子是青春期的叛逆、闹脾气、不听话等，错失早期发现的机会。因此有一定心理学专业基础知识的人士，还可以使用更为明确的生活维度分类和受损程度等评估方式，增加早期发现和评估的精准性。我们结合心理专业知识，罗列出校园生活观察的基本维度。如表一校园生活观察维度所示：

表一　校园生活观察维度

身体状态	家庭情况	心理状态	社会功能	现实困境
是否有： 1.身体残疾 2.慢性疾病 3.体弱 4.过敏史 5.医院心理障碍诊断 ……	是否存在： 1.离异 2.单亲 3.家暴 4.留守 5.结构复杂 6.长期矛盾 7.困境 ……	是否： 1.客观自我评价 2.弹性应对压力 3.有效率的生活、学习 4.情绪体验痛苦 5.生存能动性、积极状态 ……	是否： 1.有好友 2.有应对人际冲突的方法 3.频繁请假或休学 ……	是否存在： 1.学业困难 2.经济困难 3.无法自己解决的困扰 ……

在开展生活观察时，不能仅仅单项评估就简单下结论，需要把这些维度结合起来，包括时长、程度、状态等进行综合评估。让我们从案例情境的分析中，对这种观察方式进行示例。

案例情境六

高一的女生李敏（化名）入学一个月后，国庆节放假期间跟父母哭着说睡眠出了问题，经常失眠易醒，不能适应六人宿舍的集体生活；没有朋友很孤独，再住校就不能上学了。父母多次劝说无效就给她办理了走读。李敏情绪好转了两个月。寒假后李敏表示期末考试成绩很不理想，自己还没有准备好，不能到校上课。父母问她哪些没有准备好，她也说不出来，同时父母发现她胃口变差了，经常在家里莫名其妙地哭泣，并且总是说“对不起父母，自己很无能，没有用，还不如死了算了，这样就可以解脱痛苦了。”李敏表示控制不住自己的情绪，思维也没有以前清晰，甚至觉得这样的自己很糟糕，一无是处。

从专业心理教师的生活观察的角度分析：

身体：失眠、没有胃口

家庭状况：从表述没有看出家庭对其的负面影响，亲子关系尚可。

心理状态：整体呈现出低落的态势。对自己的评价低且缺少客观性，无法适应高中的人际生活，问题程度不断加深，情绪体验痛苦而且悲观消极。

社会功能：整体功能有受损表现，不能到校上课，与同伴相处明显有困难并缺少改善方法。

现实困境：与舍友同学关系不良、考试成绩没有达到自己的理想状态。这两点对李敏的困扰都比较大，且都有很具体的现实性。

危机风险：流露出“不如死了算了”的念头，但是没有计划和措施。

评估结论：困扰情绪有半年左右，程度在不断加重，无明显刺激事件，个体负性情绪体验较深，存在自杀意念，社会功能有受损表现。需要李敏到医院进行情绪状态的进一步诊断。

3.心理测验的发现方式

人们认识自我的方式一般有四种，自我反思、他人评价、社会实践和心理测验。科学心理学的诞生也促发了心理测量学的发展，在19世纪80年代，英国生物学家和心理学家高尔顿，倡导运用心理测量技术对人进行认识和了解，使得心理测量成了探索人心理的重要方法；而“心理测验”这个术语则是由美国心理学家卡特尔在1890年发表的《心理测验与测量》一文中首创。心理测验的发展史与心理科学的发展几乎同步，目前常用的三类心理测验量表是智力测验、人格测验和心理评定量表。不仅医院心理门诊和精神科经常使用这些量表来进行心理问题程度的评估，标准化的心理测量也越来越多地被学校使用。目前比较常用的有适用小学四年级到高中三年级的《心理健康诊断测验》（MHT）、高中学校在入学普测中有些会增加症状自评量表（SCL-90）等。

案例情境七

某高中在新生入学后第二周进行了网络版的症状自评量表（SCL-90）测验，王强（化名）在躯体化、强迫症状、人际关系敏感、焦虑、偏执这6个因子上，每个得分都在2—4分之间，显示异常。心理教师在进行测试后的个别化反馈中了解到，王强在初三时被医院心理科诊断为强迫症，目前一直在进行医学治疗。心理教师叮嘱，按照医嘱坚持足量足疗程治疗，并有情况变化及时反馈，同时将王强纳入了该校心理重点关注人群名单。

目前也有一些很简便适用于自我开展情绪初评的情绪检测量表，比如抑郁9项自评量表（PHQ-9）。可以迅速地自测后让个体决定是不是进一步进行诊断抑或是开展心理辅导的求助。所有心理测量的结果均不能代替诊断，而且学校教师群体对测量结果的认读和使用也缺乏专业培训，因此学校需要把常识经验、生活观察和心理测验三种评估结合心理访谈使用，才能做出是否需要转介医学诊断的考量。

（二）心理异常学生校园工作诊断与转介医院

学校心理问题工作诊断是连接学生心理异常评估与转介的重要的专业性环节，这对心理教师的工作胜任力有一定要求。这项工作的开展是对评估的专业检验，同时也是精准转介的重要前提。

1.树立学校心理工作诊断意识

说到诊断，一般都会想到这是医生的工作范围。其实诊断和鉴别的能力也是心理教师的专业素养。心理诊断是采用心理学理论和技术，对当事人心理活动、人格特征的评估，鉴别其心理变化的程度和性质。即使没有医师资格的心理教师们也需要在辅导中开展此项工作，才能更好地制定方案，实施有效的心理辅导工作。为区别于医生的医学诊断，特称之为工作诊断。学校心理教师对有需要转介医院进一步诊治的学生所开展的工作，就属于医教联合救助工作；而在医院接受治疗并遵医嘱在学校同时接受心理辅导的学生，心理教师仍然需要带着工作诊断意识，坚守着辅导与治疗不同的界限，这些均体现了工作诊断在学校心理辅导中的必要性和重要性。

学校心理辅导中工作诊断意识具有两方面的显性功能。一是明确来访者的问题属性。心理咨询常见分类有正常（健康和不健康）和异常两种类型。咨询的难点在于心理不健康和心理异常的评估与诊断，也有人说心理不健康实际上是心理异常的前期状态。中学生常见的心理辅导类型不同流派有各自的观点，比较常见的分类有发展性、适应性和障碍性

三类。本研究从未成年人学校心理辅导的角度，主要按照发展助力、健康维护和协同医疗三种辅导类型来进行分类。（如图六）

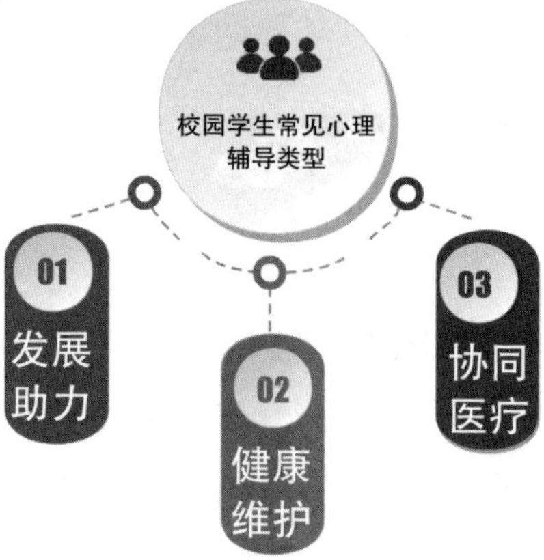

图六　中小学生校园常见心理辅导类型示意图

第一类是发展性辅导：在成长的过程中普遍会遇到的，比如人际交往矛盾、学业水平波动、自我认识中的困惑、情绪调控等问题。这类人群在问题解决的态度上有较强的主动性，有一定的自我觉察，并有调适能力。他们即使不接受心理辅导，也有力量寻求其他的帮助途径。

案例情境八

小学三年级的小兵（化名），哭哭啼啼地跑到了学校心理辅导室，与老师说跟好朋友吵架了。心理教师给他倒了杯水，耐心地陪同他稳定情绪后，又询问了一下具体情况，小兵说现在好多了，刚才情绪一下子激动起来，感觉特别委屈，哭一下老师又安慰了自己，感觉好多了，想请老师能教一教自己"怎么样可以让朋友一直跟自己要好？"

小兵寻求心理辅导的问题属于儿童成长过程中人人都会遇到的普遍性的问题，心理教师并不需要过多的帮助他解决问题，因为小兵自己有情绪调适能力，并且有力量主动改善困境。

第二类是健康辅导：这一层级的问题较之发展性辅导，在内容维度上基本相同，但其成因更复杂、困扰的时间更长、影响的程度更深、调适的难度也更大。这一类学生通常都知道自己有问题，并且尝试过一些解决方法但缺少效能，认知、情绪和行为的协调一致性受到影响。没有人帮助他们问题会加剧，甚至导致心理问题性质的改变。

案例情境九

初一女生小梅（化名），自从半年前弟弟出生后，心情波动很大。虽然很喜欢弟弟，但是她发现父母对弟弟的关注远超过对自己的关注，于是心里忐忑不安，担心父母不喜欢自己了。这种想法在最近一个月越来越影响学习状态，导致学习成绩下降，父母对自己有了更多的责备，这让小梅更加确信了自己的想法"父母有了弟弟就不喜欢我了"，因此产生了活着没有意思的想法。

小梅处于青春期，此时格外的敏感，对尊严感和价值感的追求处于明确又凸显的时期。同胞竞争带来的压力，如果不能得到及时排解，有导致心理健康受损的可能。因此需要进行健康养护，增加心理辅导的支持，帮助她渡过这一困难时期。

第三类是医学治疗中的辅导支持。这类学生群体只能表述糟糕的情绪体验和境遇痛苦，但不知道问题在哪里，也不知道自己该怎么办。部分已经达到心理障碍需要医学治疗的学生，在符合法律、伦理规范和遵守医嘱的前提下可以在学校接受心理辅导支持，医教协同共促健康。

学校心理工作诊断意识的第二个显性功能是鉴别是否属于心理辅导工作范围。无论是法律还是行业伦理，都明确规定了心理咨询人员不得从事心理治疗或者精神障碍的诊断、治疗。因此学校心理辅导的对象应该是精神正常、有一定的心理相关困扰的或者心理疾病缓解和康复期的学生。心理教师在学校辅导中对发展性辅导和健康辅导的鉴别没有太大的困难，最让心理教师困扰的是较为严重的健康辅导问题和是否需要医疗协同的心理异常的鉴别对待。前者属于学校心理辅导的范围，而后者则需要进行医学诊治和协同支持。学校心理辅导老师缺少医学心理的知识，需要转介医院才能对具体精神疾病进行细致、精准的鉴别诊断。

比如一位班主任跟心理教师反馈，班上有个女生跟她说："老师，有时候我真想跳下去。"此时就已经启动了工作诊断（此处也可以称之为危机评估），发现当时并没有明显的刺激事件，而女生因坚信"父母只爱弟弟"这一认知带来郁结已久的情绪困扰，导致其存在不间断的自杀意念。此时心理教师难以把握其危机行为问题的程度和性质是否到达异常，就需要进行医学诊断。这也是工作诊断意识提升学校心理辅导实效性的反映。

2.学校心理辅导工作诊断的五个维度

工作诊断意识可以有效地帮助心理教师对学生超出常态的认知、情绪和行为等异常的心理具有敏感性。一般在五个内容维度上保持工作诊断意识，并进行整合评估，可以提升学校心理辅导的效能。[①]这里工作诊断的五个维度和表一生活观察维度（见表一）相同，但是工作诊断的观察者仅局限为有专业能力的心理兼职教师，这一工作诊断不仅是学校心育的重要工作内容，也是后续转介工作的专业依据。

生理状况维度：我们常常发现有些学生的抑郁、长期的心境低落等情绪，跟本身的体弱多病密切相关。因此注意收集其睡眠情况、是否有身体残疾、过敏史、医院心理障碍诊断等也是摄入性谈话时进行资料收集的重点。青春期情绪障碍是中学生最常见的心理障碍，长期睡眠不好或者近一两周有严重睡眠不良的情况就需要引起我们的警觉，同时也要关注身体较弱，多病经常无法参加体育运动的学生，近期有骨折等情况的出现也需要多些询问，因为骨折也有诱发抑郁的可能。

心理水平维度：知情行的协调一致性是心理健康的基本状态，中小学生正处于生理快速发育时期，其中包含青春期这一人生发育的重要阶段。学生自我意识觉醒、自尊和平等意识上升，这使得他们在学业、人际关系和社会生活中对人、对己和对事都有着与往日不同的要求。因此青春期的学生们也会经常发出"不如意事十之八九"的感慨。追溯主要

① 王天文：《工作诊断意识夯实学校心理辅导效能》，载《江苏教育》，2022年第4期。

原因聚焦在自我评价的不够客观、学习方法更新迟滞、情绪的调控力不足、应对压力缺乏经验等方面，汇总起来导致应对压力弹性不足，影响自我心理内在的协调一致性。

社会功能维度：在开展心理辅导工作诊断中，人际关系状况是重要的指标维度。不少青少年的心理问题，来源于人际关系的窘境，也康复于人际关系的改善。因此需要收集是否有好友、人际冲突是否有缓解方法等信息。学生在班级、学校和社会生活中，各种活动参与情况及表现、是否有频繁的请假或休学等情况，也是需要进行甄别的方面。

家庭信息维度：家庭是一个人成长的起源地，在工作诊断中一般都会注意收集家庭结构的情况，是否存在离异、单亲、跟谁居住和是否留守等，也注重对经济状况、父母心理健康水平和教养方式的了解，比如特别会关注是否存在家庭暴力、忽视、纠缠不清、控制等不良的教养方式。家庭关系是心理工作诊断的关键考量点，不少亲子矛盾与困境其实与父母的价值观和教育期待密切相关。小学生经常出现的注意力缺陷多动障碍，包括感统失调等，特别会影响到孩子的学校生活质量，也需要了解父母早年学校生活的情况，从遗传因素的角度对工作诊断的精准性进行补充。

现实困境维度：心理问题的成因常常是内、外源共同作用的结果。中小学生群体处于成长的重要阶段，不仅要面对青春期生理的变化，也要面对社会、学校和家庭对其赋予的更高要求，因此心理辅导教师需要了解学生们存在于现实中的困难，诸如学业投入和成绩之间的低效、人际沟通缺乏方法、经济贫困、抚养人变更等无法自己解决的困扰等，只有基于现实困扰，才能促进双方在辅导中的积极投入。

近年来，随着心理知识的普及、测量工具的编制和医学心理的发展，社会对青少年心理健康的认识和帮助有了更为实质的进展。研究显示人类的心理具有相当的复杂性，青春期情绪障碍仍然是中学生最常见的心理障碍，一般来说心理疾病的发现越早，干预愈后就越好。因此心理教师在辅导中带着工作诊断意识，不仅有利于辅导目标的确立、辅导方法的制定，更重要的是发现需要医学诊断的学生，及时转介诊断并与家庭联盟，开展“校-家-医协同”三方合作，从中找寻到更多的内外资源，既夯实学校心理辅导效能，又促进学生的心理健康。

3.医教双向转介中的家庭工作

当学校经过工作诊断并确定学生需要进一步医学诊断后，如何实施转介呢？当医院诊断后，学校是否需要开展工作以及如何开展工作？最重要的步骤就是与家长联系落实转介工作。中小学生是未成年人，在就医寻诊的过程中除非极特殊的情况，一般都是需要监护人来落实完成的。此时家长常见的心理反应是什么呢？家长心理健康素养的不同，在转介医院诊断的行为上也会出现很大的差异性。

案例情境十

学校心理教师发现六（3）班女生玲玲（化名）近两个月有自残情况，虽然第一次发现就跟父母反馈（母亲说早就知道），学校联合家长及时帮扶，但是情况没有好转。本周开始出现了精神恍惚、上课时无法集中注意力并且不能完成作业，在没有特别事件发生的情况下，玲玲出现‘不如死了算了’的想法。心理教师觉得情况已经超出正常范围，需要家长带其就医诊断心理状态。与母亲联系后，母亲说：“希望老师多多关心，在家里再劝一劝就会好一点，自己上初中的时候有段时间也是这样，熬一下就能过去，不必到医院去，别人知道了，对孩子的人际关系不好。”

家长心理状态分析：病耻感和侥幸心理影响及时就医诊治；

情绪上：有紧张、焦虑、担心；

认知上：不想去医院检查；如果检查诊断为心理疾病会让别人说闲话；孩子的情绪不稳定过一段时间就会好起来；学校老师帮忙心理上疏导一下就好了。

行为上：以各种理由不去就医诊断，可能同时找社会相关心理咨询机构进行帮助，他们寄希望于不就医诊断治疗，靠着心理辅导帮助撑过这一困难时期，如果实在不行再行就医。

在开展“校-家-医协同”心育工作中，这是一个常见的难点和阻力。国家卫健委《心理健康十条》2018版的第五条指出：抑郁焦虑可有效防治，需及早评估，积极治疗。青春期情绪障碍是未成年人高发的心理疾病，早诊断早治疗，有利于愈后良好。

案例情境十一

高一男生小亮（化名）的父亲，到学校跟心理教师反馈，根据学校建议带孩子到医院，诊断为重度抑郁和中度焦虑，目前正在住院治疗中。家里很慌张，不知道该如何应对？想着这个病能不能好？对未来有何影响？需要多长时间能够回到学校上课？是否需要办理休学？父亲说现在自己头脑中充斥着很多的“怎么办”。

转介的过程也是对家长进行心理辅导的过程。在转介医院诊治的学生中，学校心理辅导暂时停止了与学生本人的工作，尤其是住院治疗的学生，他们现实检验能力、社会功能和自我功能都有较大程度的受损，心理教师跟其谈话，对方会出现听不懂、沉默或者烦躁，不能入心的状态，因为此时他们被困在自己的精神世界中，想出来却缺乏生理和心理的原动力，心理辅导难以对其产生作用。但是此时学生的父母仍然需要学校和医院共同的帮助。在这一阶段对家长的工作主要可以从：心理支持、心理异常养护宣教、家庭教育问题的调适与改善、资源整合等维度开展父母工作。（如图七）

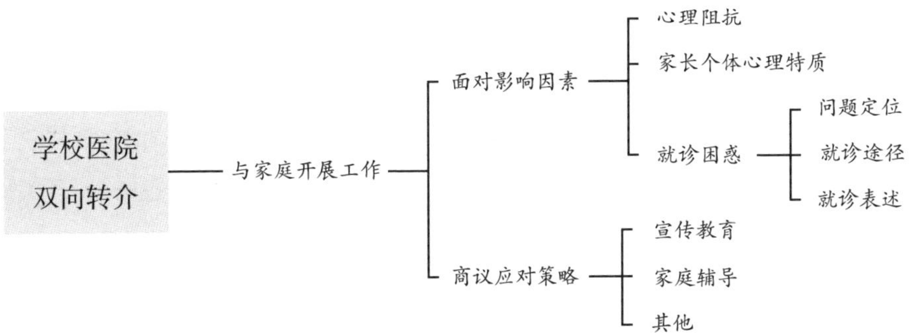

图七　医教双向转介中的家庭工作

（三）心理异常学生康复中的校园支持与关注

医学发展的今天，人们对于心理异常有了更深入的研究，可防、可控、可治疗已经成为业内人士的共识。我们的信心是孩子的未来。信心需要具体的科学行为支持。“校-家-医协同”心理辅导工作中，转介后对已经确诊并进行医学诊治的学生会按照三种不同状态进行分类协助。一是心理异常正处于发作期不具备心理辅导条件的学生；二是缓解期医嘱可辅助心理辅导的学生；三是康复期开展心理辅导的学生。（如图八）

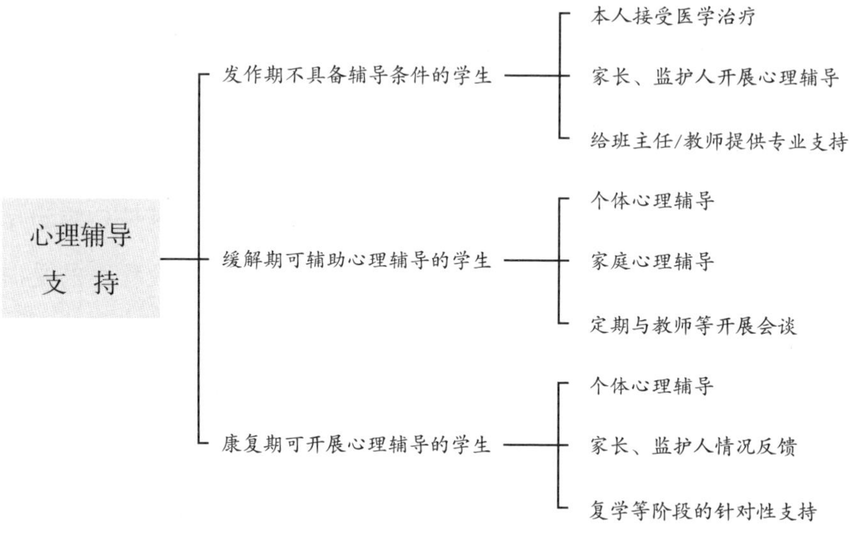

图八　心理异常学生校园心理辅导支持分层路径

1.发作期不具备心理辅导条件学生的工作

学校心理辅导工作需要知道中小学生心理异常医学治疗的概况，才便于在不同的症状下开展恰当的协同工作。心理异常主要有精神疾病、神经症和身心障碍等。儿童青少年的心理异常的表现聚焦在学习、人际关系、情绪和行为上。比如注意力缺陷多动障碍、品行障碍、对抗违抗障碍、抽动障碍、适应障碍、社交恐惧症、青春期情绪障碍、进食障碍、网络成瘾综合征等，这些是困扰中小学生最常见的心理异常，并且具有成因复杂、复发率高、迁延难愈等特点。因为其还未成年，因此一般不会进行人格障碍诊断，但是仍然有发展出人格问题的趋势。儿童青少年期的心理发育障碍，例如智力障碍和自闭症等，目前基本从特殊教育和融合教育范围来进行工作，在本研究中不再涉及。

对心理异常从医学上开展治疗的形式主要有药物治疗、物理治疗和心理治疗。医生会结合心理测验结果与临床数据，整合诊断后制定恰当的治疗方案。目前物理治疗使用较多的是多参数生物反馈治疗。随着医学科技的日益更新，针对性的物理治疗仪器也在不断更新中。

辅导家长，促进父母改善也是间接帮助学生。学校了解该阶段医学治疗的常规方案后，有利于协同对家长、监护人的心理辅导。案例情境十一中“因重度抑郁正在住院治疗的高一男生小亮的父亲”，他在跟学校心理教师多角度提问“怎么办？”时是处于这一治疗阶段学生家长的普遍性困惑，极具代表性。父母如果有相关治疗的基本知识，无疑会帮助他们减轻焦虑，支持孩子康复。当然医生会做医学专业相关部分的解释工作，但是教育工作者在教育视角问题描述、心理健康素养知识传授上也有着优势，因此会让家长更容易接受并理解相关信息。

案例情境十二

某小学四年级男生张强（化名），因其在学校有对其他同学的攻击性行为，并且情绪失控多次，学校找家长联合进行教育沟通，行为无改变。转介脑科医院诊断为注意力缺陷多动障碍（重度），接受医学包括感统训练在内的系统治疗。医院诊断前父亲对他在学校犯错误后，主要以打骂的方式教育。现在父母意识到这不是孩子不听话、调皮，而是发育过程中身心协调发展中出了问题，需要专业矫治和成年人的耐心支持，但是他们卡在如何改善教育的方法上，感到彷徨。

张强父母此阶段的困惑，正是学校心理辅导的工作范围，帮扶直接对象是家长，是可以透过家长改善家庭氛围有效支持张强康复。从家庭治疗视角看，孩子的心理问题常常是家庭失功能的表现。因此，在此阶段可以具体细致的收集家庭基本信息，尤其是成长中的关键事件、家庭内人际互动模式、父母教育方法及是否具有一致性、对孩子心理变化的敏感度以及父母自身的心理健康程度等。当心理教师跟张强父母一起，把家庭互动的关系图（如图九）绘制出来时，父母就清晰地看到了家庭互动中夫妻和父子关系上都是既有疏离又有冲突，同时家庭中不仅缺少父母示范关系的一致性，父子之间的关系也急需改善。如果做这些调整就能让过度紧密纠缠的母子链接趋向常态。

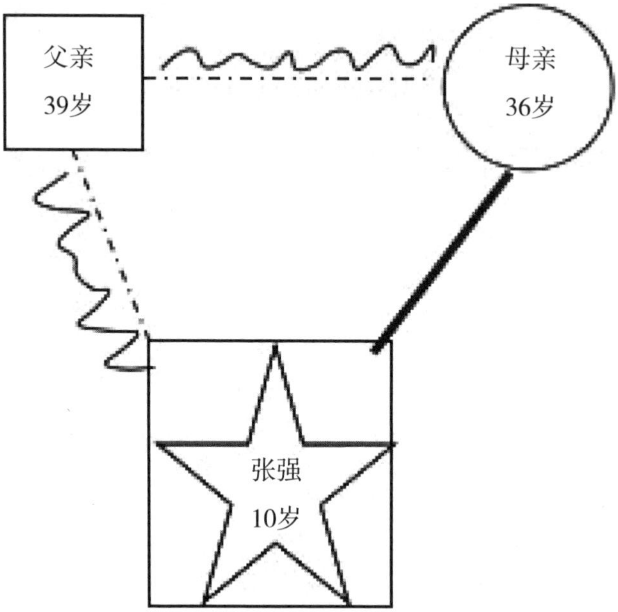

图九　张强家庭内人际关系互动示意图

学校心理教育可以运用学校和区域教育部门公益心理辅导机构的力量，在此时对父母开展工作，帮助他们认识、发现家庭教育中可以调整的地方，才能发挥父母双方面的积极资源和力量帮助张强，为他提供稳定、安全的家庭康复和成长环境。

此阶段学校要把问题学生的重点关注人群心理档案进行完善，档案记录的过程也是对辅导过程的完善。完善的维度包括通过班主任或者心理教师对当前的医学治疗进展、家庭支持现状、学生当下心理状态、社会功能和近期的困难等多方面。学校心理教师对校内心理异常学生的相关班主任，进行每月一次的例会制度，主要内容有学生治疗进展的信息了解、家长心理辅导情况（注意遵守保密伦理）等，并对具体问题进行协商，共商解决方法。此时也可以有计划分步骤的实施对家长和教师群体心理异常知识宣讲的专业支持。

2.缓解期医嘱可辅助心理辅导学生的工作

在这一阶段学生心理异常程度有所缓解，认知、情绪和行为的不一致性有所改善，他们会在一致和不一致的状态中波动。现实检验能力有所提升，尤其是情绪一般不再处于失控状态，但还是具有易激惹性。自我封闭的情况略有好转，在睡眠改善和情绪可自控的时候，有些学生可以离开家跟父母去散步或独自一人去超市购物等。但是整体上看，心理还处于脆弱、极易波动中，需要精心呵护救助。在医嘱建议辅助心理辅导的前提下，学校心理辅导工作的对象是学生、家庭及相关教师如班主任的专业支持。

本章节案例情境一中的“因抑郁发作休学在家的初二男生李明”就属于这一时期的状态，但是在心理辅导室中，他当时的状态无法与心理教师沟通，然而能够与父母一起走出家门，坐到心理教师的面前，对他而言已经有重大的进步，这对其人际交往重构、社会功能康复意义非凡。然而父母常常只从孩子还不能与心理教师沟通谈话这一方面来评价孩子，从而导致他们出现失望感。但是如果父母认识到孩子已经能够走出家门，这是重新恢复社会功能很重要的一个进步，那么家长的焦虑、担心和失望等负性情绪就会减少，并且更有信心与孩子一起走在积极康复的过程中。

医嘱建议开展心理辅导是重要的工作依据。心理教师在面向心理异常学生工作时，始终要有协同的意识。在此处的协同就表现为在医学诊断评估的科学支持下，精准界定此时最佳的治疗方案中是添加心理治疗还是心理辅导。其实家庭和大众对这两者的区别常常混淆。

案例情境十三

小学三年级的男生小铭（化名），医院诊断注意力缺陷多动障碍（中度），他情绪失控情况比较明显，另外相关报告反馈，注意速度商数中听觉明显低于视觉。医生处方中写明治疗方案为：1.药物（需要时服用）。2.进行针对性康复训练。3.心理辅导。学校心理教师跟家长沟通后，觉得最好家长一起参加辅导，而学校心理教师的家庭心理辅导能力不足，因此转介到上一级教育部门公益心理辅导机构，对该家庭开展每周一次的家庭心理辅导工作。

案例情境十四

初二男生小林（化名），双向情感障碍住院治疗，出院一周后孩子不能到学校复学，母亲很着急，找到学校心理教师，希望对孩子进行心理辅导。母亲拿出医院开具的出院小结给心理教师看，小结中写道：建议进行心理治疗。心理教师向母亲介绍了学校心理辅导和医院心理治疗的区别。小林母亲第二天反馈已经预约精神科医生的心理治疗。

这两个案例情境，都是有医院处方，为什么学校工作的方向会不同呢？让我们来看看心理治疗和心理辅导的描述，这将帮助我们理清两者的区别。

《精神疗法》一书中作者是这样定义的：精神疗法（psychotherapy）又称心理治疗，就是利用心理学的理论知识和技巧，通过各种方法，应用语言和非语言的交流方式，影响对方的心理状态，改变其不正确的认知活动、情绪障碍，解决其心理上的矛盾，达到治疗疾病目的的一种治疗方法。①

心理治疗的含义不同流派表述虽各不相同，但是都会聚焦在几个关键词上，“专业训练”“治疗者”“专业和法律认可的资质”“工作于知、情、行各维度受损和协同的失调”等方面。

法国学者贝尔纳·格朗热（Barnard Granger）和瓦莱里·雅勒弗尔（Valerrie Jalfre）撰写的《心理治疗》一书中，以一种非常具有画面感的

① 齐南：《精神疗法》，中国中医药出版社2010年8月版。

方式来描述：提起“心理治疗”，大家都会想到一个场景：躺在长沙发上，向一个全神贯注、安静倾听的心理治疗师讲述自己的私密生活。[①]这其实是精神分析流派创始人、精神科医生弗洛伊德，在自己的治疗室中，对病人进行心理治疗的场景。画面让大家感觉不到是在进行传统意义上的医学治疗，没有专业的医学检测设备，也没有医生常使用的工具和诊治的桌椅，这也正显示出心理治疗与其他科室治疗形式有很大的不同，容易让人们误以为只要是具有轻松、温馨环境下的谈话既可以称之为心理治疗，也可以称之为心理咨询或者心理辅导。

心理辅导是一个过程。在这个过程中，受过专业训练的辅导人员与来访者建立具有信任、关怀等核心要素的关系，通过不同流派的理论指导，协助来访者客观的认识和接纳自己，进而欣赏自己，提升自尊自信，以克服成长困扰，充分发挥个人潜能。

心理辅导的目的是：“协助当事人认识自己，接纳自己，尽量发挥自己的潜能，从而得以迈向自我实现；而在这一过程中他一定要学习对自己的行为和人生负责任，否则就不能达到建立自己的目的。”[②]吴增强认为：“学校心理辅导是帮助学生成长发展的自我教育活动，这是它有别于学校其他教育的特殊性。这种教育活动以促进人的发展为目标、以学生的成长、发展为中心、以自助、他助、互助为机制。”[③]

我国中小学校园内的心理咨询开展由来已久，但常常与学生教育处（又称德育处）的学生工作混合在一起。20世纪90年代开始逐渐专业化，走在前列的学校纷纷成立了心理咨询室，并且中小学校还根据学生年龄特点，在起名上花费了不少心思，如“心语屋”“心灵港湾”“心乐园”“心灵氧吧”。2015年教育部办公厅发布《中小学心理辅导室建设指南》（教基一厅函〔2015〕36号）的通知，从国家层面规范了专业名

① ［法］贝尔纳·格朗热、［法］瓦莱里·雅勒弗尔：《心理治疗》，中央编译出版社2013年版。

② 林孟平：《辅导与心理治疗》，商务印书馆，1998年版。

③ 吴增强、沈之菲：《学校心理辅导研究》，上海合计文献出版社2001年第2版。

称，自此之后我国的学校心理咨询都称之为心理辅导。

综上所述，我们发现心理治疗与心理辅导最大的区别是服务对象不同。心理治疗是针对心理异常人群开展的工作，目的是帮助其恢复认知、情绪和行为等心理过程的协调一致性，不仅需要一定的疗程才能完成，而且还需要有医学心理和精神科专业背景的医生才能开展，其本身是医学治疗的一个部分和一种形式，带有浓厚的医学专业性。而学校心理辅导是针对心理健康人群开展的，从教育学和教育心理学的角度，帮助应对现实生活的问题，促进个体健康发展的心理教育活动。因为主要针对未成年人的发展性和心理困扰，所以辅导的次数较之心理治疗的人群要少很多，不少学生甚至一次心理辅导即可完成对他们的帮扶。

3.康复期可开展心理辅导学生的工作

处于这一阶段的学生部分已经逐渐停药，还有一部分仍在服药巩固中。症状表现基本消失，尤其是退行现象、退缩行为基本不再出现；可以有力量离开房间和家里，重新回归社会生活。久违的安心、开心的情绪和自我控制力都回来了；他们又有兴趣与同学电话交流，不再害怕外界的环境，能自然而没有压力的与家人、朋友甚至独自逛超市、去购物等；常见的肠胃不适、头痛、胸闷、心慌等躯体化反应消失，尤其是睡眠基本恢复正常；当父母意见与自己不一致，或者要完成有点难度的任务时，也不再觉得没有办法而逃避，现在可以运用自己的系统思考、提取过往应对经验和求助他人。总之身体、心理和社会功能均基本恢复到生病之前的状态，部分请假不上课的学生还表现为可以回到学校上学，因为注意力能像以前一样的集中起来了，原来减退的记忆力也回来了，过去存在上课注意力不集中、作业拖拉完成不了的状态不知不觉中改善了；尤其是自我贬低、不自信等与自我价值相关的片面、负性认知逐渐消失，那些与客观不相符合的担心、焦虑也不复存在。

此时他们也有两大共性的困扰：一是这些过去熟悉的、健康状态的感觉又回来了，但是经过病程中的痛苦感受，很害怕自己不能一直处于

图十 开心的未成年人

这种健康状态中，有着对可能复发的担心，有时候家长的担心更胜于学生。因为在心理异常的治疗过程中，或多或少对学业是有着影响的，因此家长的担心还有很多着眼于孩子未来的发展。

二是重新回到学校和社会的适应性问题。我们需要分年段对此问题进行分析。普通小学中，常见心理异常主要是注意力缺陷多动障碍、行为障碍等，这些学生基本上一边治疗一边上学，他们不存在重返校园的情况，因此适应性问题较少甚至没有。康复反而使得他们在学校生活中适应得越来越好，学校老师和同学评价变高，人际关系改善，学习上的困难减少，自我效能感提升。中学阶段的心理异常多表现为情绪障碍，尤其是抑郁症和焦虑症居多。对人的思维、注意力和记忆力的影响较大，人际关系能力也会受损，因此不少心理异常的中学生，在治疗过程中常常会出现较为频繁的请病假，抑或是办理休学。对于他们来说就有着重新适应校园生活的困扰。

协同在这一阶段主要聚焦在协助巩固疗效、适应社会生活，帮助寻找面对现实问题的策略方法上。学校教育系统的心理辅导在这一阶段要耐心地倾听他们的“担心”，不急于解释和科普知识，而是跟他们一起讨论如何规划生活，既能减少复发又能再适应校园生活。此时学校心理教师仍然需要严守医学治疗和学校辅导之间的界限。

例如“老师，孩子现在情绪状态改善了很多，能不能停药？”这是家长在向教师询问医学范畴的问题，也最能代表在协同工作中需要厘清界限的重要性与迫切性。以家庭为核心纽带的医教协同工作中需要把握住：协同不是融合，更不是替代。医学的相关问题只有医生来进行回答。心理教师要守住这一界限，并且在心理辅导中让家长知晓。

此阶段对家长的指导工作需要有明确的方向。休学的学生返校复学前后，家庭需要做哪些准备？复学后病情不稳定或反复的学生，如何做好学生的安全防范？

案例情境十五

初一（1）班周二下午最后一节是心理课。全班同学在心理中心的专用教室上课。在课堂中，老师组织大家做了《猜一猜：我做你说》的体验活动，帮助同学们体验非言语和言语在沟通中的重要性，活动中班级同学整体比较兴奋，声音也比较大，在下课前10分钟，女生晓欣（化名）突然从座位滑到地上，浑身颤抖抱着自己的头无法言语。心理教师紧急把她扶到隔壁辅导室的沙发上休息。与班主任联系后，其父亲很快就来到了晓欣身边，原来因为临近放学所以父亲已经在校门口等着接她回家了，父亲说自己心里不放心来得早了点，果然出事了。

原来晓欣半年前在医院诊断为恐惧症，服药治疗中，半年来除了住院的一个月，出院后断断续续请假多次，或者就上半天的课。近一个月药量减少了，担心害怕的主观感受减少了，现实检验能力提升，情绪自控有所增强，医生说其康复得不错，一家人商量后想着试试看坚持一整天在学校上课，结果她难以适应全天的学校生活。

心理异常的未成年人，其神经系统既敏感又缺少适应的弹性，晓欣对声音的耐受力本来就很低，再加上学习了一整天身体疲劳，晓欣出现了病情的反复是内外环境相互作用的结果。这一案例提示我们帮助处于这一阶段的学生康复回校需要提前做个性化的预案。这是心理辅导中的核心议题。

三、技术路线：心理辅导与心理治疗的协同支持路径

每一个协同的步骤都需要以一定的技术手段为载体才能实现既定目标。在教育研究和项目落实中，技术路线是整合内容、方法与实施步骤的逻辑结构。

中小学“校-家-医协同”心理教育工作的思路是从心理异常学生群体在校园难以获得最恰当的救助这一现实困境出发，通过家校合作-医教协同-社区联动的协同框架，以家校对学生心理异常的发现与工作诊断、转介医院或者校外教育部门公益心理辅导机构，以及对学生、家庭和教师的心理辅导为三大基本工作路径，运用常识经验、生活观察和心理测量等方法，以宣传教育-心理辅导-转介治疗等为技术路线，建构中小学“校-家-医协同”心育工作的机制。技术路线分为以下三个主线展开。

（一）宣教协同路线

在协同工作中，宣传教育对于提升相关人群的心理健康素养有着基础性的地位。尤其是针对心理异常的知识、症状、表现和生活中的应对等，宣教根据对象的不同、心理健康知识需求的不同，需设计不同的内容与方法。（如图十一）

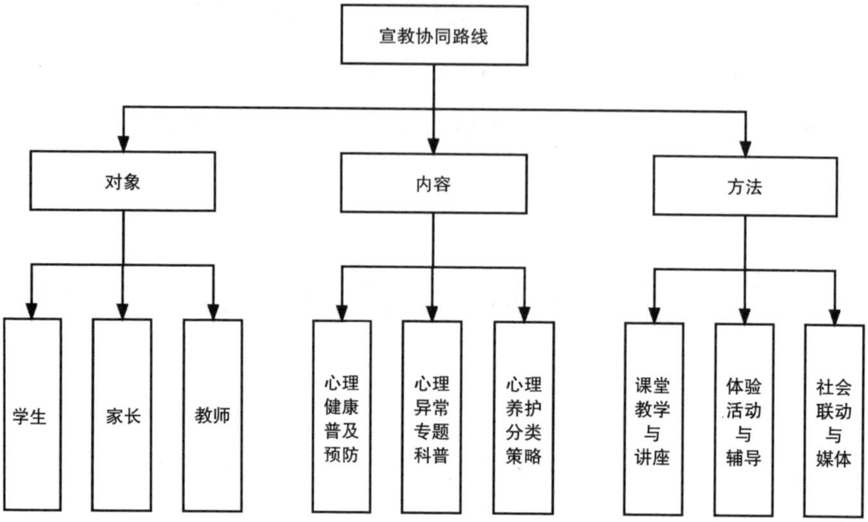

图十一　心理异常“校-家-医协同”心育宣教示意图

1.以心理健康普及预防为目标的宣讲。

（1）推进校园课程和活动双轨并进的学生普及性心理健康教育。

增进学生的心理健康发展意识。提升中小学生心理健康素养，在学校最为稳定、制度化的途径是开展心理健康教育课程。有些区域指导性文件中明确提出应面向中小学生开设隔周一次的心理课程。目前关于中小学心理健康教育内容的纲领性文件是《中小学心理健康教育指导纲要》（2012年修订）。根据不同年龄段心理发展特点，在自我、情绪、人际、学业和生命等维度，整体提升学生心理健康程度的意识。我国中科院心研所“国民心理健康评估发展中心”，在进行调查时把国民心理健康的维度聚焦在认知、情绪，人际、自我和适应五个维度上。这与学校心理教育的维度基本重合，只是学校心理教育中把学业作为一个主要内容单独罗列，这也与学生的身份相匹配。

专职心理教师队伍和心理课时是该项宣讲活动能够长期落实的制度化保障。目前我国还不能实现每一所中小学都有专职心理教师。因此不少地区目前正大量开展在职教师心理健康教育内容的培训，这些教师可以利用班会课进行心理教育，可以在学科教学中渗透心理健康教育的内容。根据我国近年的政策指导，专职心理教师全覆盖大中小学校将尽快完成布局，这将促进学校心理教育更有效能。小学生委屈、着急、难过、生气地跟老师说："同学们都不带我玩。"有些教师可能会使用简单的教育方法，比如询问发生了什么事后，带着他找班级同学，以老师的身份让大家带他玩。很多时候这并没有从根本上解决问题，以后这些场景常常会反复出现。较好的方式是走进心灵、提升个体人际交往能力，可增加一些跟自我相关的教育指导元素，"自己做哪些积极的改变，能够让大家愿意跟我一起玩起来。"当实现这一交往状态的时候，该生的人际交往能力有所增强，自我价值感也随之而提升，心理健康水平提高。

学校还需要根据不同的时间节点，开展多样的心理健康教育活动，以此既可以延伸、巩固心理课程的效果，又能提升学校心理健康教育的氛围。新生入学、新学期开学的时候，就比较适合开展适应性专题教育，中高考毕业班需要进行考前心理平衡和营养的专题、专项心理辅导，并且根据需要决定开展的具体次数等。另外学校心理教育活动的形式也是多样化的，比较受到学生欢迎的如心理小品剧等是中小学生喜闻乐见的体验式学习形式。

（2）以讲座为主结合案例体验的家庭心理教育。

家庭是学生接受教育最具有体验性的地方，一个人际关系缺少方法的学生，常常其家庭内人际关系也是处于紧张或者不良状态，或者其父母在社会中的人际关系有着一定的困扰，使得他们在家庭中无法示范给孩子良性人际互动的方法。

对家长的心理健康教育需要立足于对家长本人的心理关怀，家长也是独立的生命个体，当他们本人被关照到、并且处于健康状态的时候，才会更有效能地承担起父母的责任。家庭心理健康教育宣讲的内容主要是让家长了解不同年龄段学生的心理发展特点、学生心理健康发展需要的环境土壤，指导家长在家庭中通过促进、示范和矫正等方式，维护孩子的心理健康水平。给家长的讲座，内容上要贴近家长的需求，并提供具体的操作方案。下面，让我们来看一个家庭沟通指导的案例及分析。

案例情境十六

母亲单位组织在社区核酸检测中做了6个小时的志愿者，带着疲惫回到家，对上初二的儿子关心地问："今天过得怎么样？"

儿子："就那样。"

妈妈："哪样啊？"

儿子："你烦不烦啊！"

妈妈忙了一天回家以后想跟孩子说说话，既了解一下孩子在家的情况，也说一说自己在外的辛苦以及所见所闻，本来是件让彼此更加增进感情的事情，结果这番对话，让妈妈心里堵得慌，又不想让儿子不舒服，结果自己憋了一肚子的气，孩子也不开心。

家长需要学习适宜的家教对策。无效的沟通常常会让亲子双方感受到委屈、生气、厌烦、无奈等负性情绪，有效的家庭沟通是一门艺术，也是可以通过学习提升。马歇尔·卢森堡博士发现了一种沟通方式，称之为非暴力沟通方式，他提出沟通中需要关注四个要素：观察、感受、需要和请求。运用这样的沟通方式，我们可以对案例情境十六的对话进行调整。

首先，说事实和感受。如果家长这样问："我今天真是太累了，连找个地方坐一下都没时间，哎，真累！今天你在家过得怎么样？"让孩子先知道你的信息，了解你的感受，就有可能开启有效的沟通。

其次，明确你的需求。家长一开始就问："你今天过得怎么样？"孩子接收到的不是对自己的关心，而是觉得你在要求他汇报行踪，特别是初二正好处于青春期，自我意识提升，对自由和信任特别在意，就容易出现对抗、回避、自我保护性的回复"就那样"。家长如果能听懂孩子回复背后的想法，就可以用明确的、自我感受的表达、让孩子体验到被尊重和信任，进而理解到父母也需要他的关心。

再次，沟通具体明确："哪样呀？"这样的表达就不够明确。具体又明确地表达可以从询问孩子对疫情的最新进展的了解、饮食、学习、运动和娱乐的时间分配、家务完成等情况中的任意一个开始。

最后，寻找恰当时机。妈妈其实疲劳了，沟通的语气、语音语调不一定比较平和，此时最好不要一回家就问儿子怎么样，而是先把自己休整一下（换好衣服，喝点水），然后再看孩子的状态是否适合聊一聊。良好的沟通是需要时机的，而不是随时随地进行。

上述案例涉及家庭教育中的沟通技巧，比如"读懂孩子的心""有效沟通技巧""学业发展引导""情绪波动调适""生涯规划"等因为家长群体迫切需要，已经开始落实到家校协同的培训中，但是"生命教育""心理健康常识""心理异常的发现""中小学生心理问题及表现"等这些心理健康素养的重要部分，从宣讲的意识上看还较为薄弱。过往学校和家长的重视程度不足，只是有需要的家长才格外重视，而缺少这些普及性和预防性的面对家长的宣讲，这会不利于心理异常的早期发现。不少抑郁症患者没有得到有效和及时的治疗是因为没有被提早发现。

（3）分层培训侧重运用的教师心理知识提升。

教师接受继续教育是保持教师职业生命力的需要。时代的发展、知识的更新，使得教育工作者只有时刻处于知识学习的状态，才能保持教师职业的鲜活生命力，才能培养受教育者成为当代合格的社会人。

班主任教师及学科教师层面的普及培训。以南京市教师心理素养分层培训为例。2020年5月南京市中小学心理健康教育指导中心，出台了南京市中小学心理健康教育教师三级培训方案。第一级专题辅导班，目标为初识心理健康教育的知识、问题和规律，能掌握一定的心育方法并渗透到日常教育教学活动过程。第二级中级心理辅导师，目标是掌握基本的心理辅导和沟通技巧，具有一定的个别辅导和团体辅导能力。第三级高级心理辅导师，目标是能够胜任学校心育专业及管理工作，并成为校内心育领衔人及专家。

其中第一级就是面向全体教师的心理专业素养提升培训，未来这一层级的培训要覆盖到全员，第二级是在第一级的基础上进一步增加了对学校心理辅导和沟通技巧的培训。其实在第一级培训后，有些老师就已经能在班会课中及时渗透班集体发展过程中需要的心理教育。

案例情境十七

一个初二的班主任，发现班级有两三位同学在异性交往中出现了过度密切的情况，他就结合教师心理培训学到的青春期心理发展特点和沟通谈话技巧中的相关内容，从理解对异性有好奇是正常的现象入手，带着对青春期学生最需要的尊重态度，在班级开设了一节《异性交往大家谈》的主题心理班会，学生们在他创设的情境分享中，主动自发地整理出了既符合当今社会价值观，又能满足正常异性交往需要的交往原则。

专兼职心理教师是学校心理教育的中坚力量，他们本人既是学校心理工作的规划者，也是执行者，还兼有帮助指导校内其他教师开展心理教育工作的重任，因此在专业学习、培训上要更为具体。

如果说课程是学校教育的基石，那么心理教师的课程意识，就是普及心理健康教育知识、提升素养的核心。

在专职心理教师相聚进行教学研究的时候经常会说到这样一些问题：

“你们使用的教材是哪个版本的？”

“课时有保障吗？”

“我们学校留守学生比较多，亲子关系课程内容有什么好建议？”

“青春期上了几节课？用了什么测量量表？”

“课堂角色扮演体验活动是即兴的好呢还是预先准备的更好？”[①]

上述问题的核心折射出：教材、对象、教法等关键词。这些都是教师课程意识的重要体现。课程意识浓缩的概括为：教师需要知晓“为什么教？教什么？怎样教？为什么要这样教？”的意识，这也是教师职业能力

---

① 王天文：《浅析初中心理健康教师的课程意识》，载《江苏教育》2018年第88期。

的一个核心素养。教师对课程的自觉反思一旦成为习惯就不再仅仅是一种做法，而是成为一种精神、一种教师职业的核心素质，这是学生获得健康心理指导的有效保障。因此对此类教师的宣教中，要多着墨于此。

2.以心理异常专题科普为目标的宣讲

宣教路线的第一板块是普及和预防，而此时的第二板块则聚焦在普及内容的增加和提供个性化的宣教上，即加入个别化心理辅导元素聚焦心理异常知识的宣教。

普及宣教中增加对心理正常与异常的知识、症状等介绍。郭念峰教授提出了区分心理正常与异常的三条原则，主客观世界统一性原则、心理活动内在协调性原则和人格的相对稳定性原则。对于大众而言，第一条和第三条比较容易在行为层面显现出来，第二条心理活动中的认知、情绪和行为的协调一致性比较难观察和评估。这需要在提升心理健康教育知识的前提下才能有所提高。

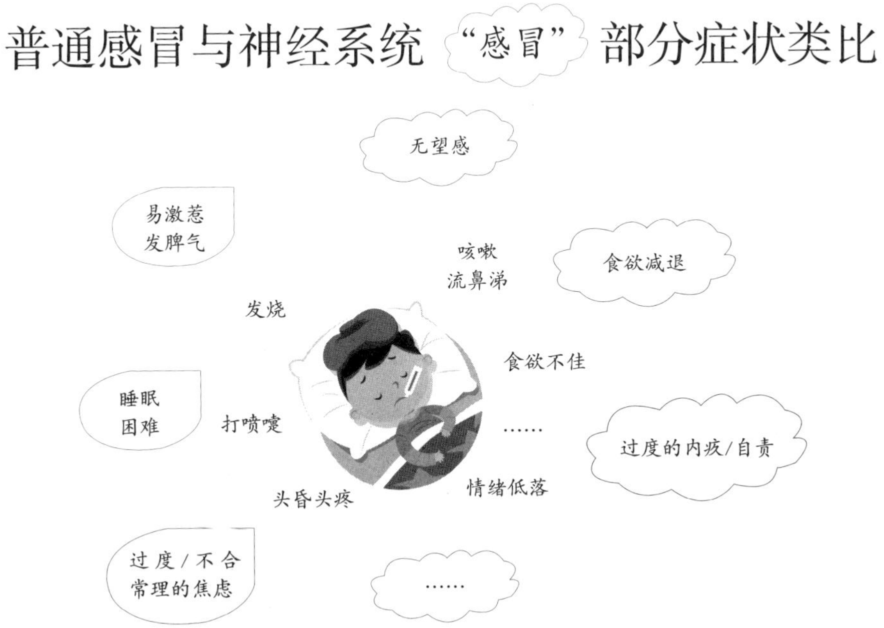

图十二　心理异常科普示范参考

因此在宣教中拟考虑增加“未成年人心理异常的类型及常见症状”“如何应对突发事件对心理的影响”“情绪也会生病”“读懂情绪的预警”“运动可以让心情嗨起来”等针对性内容。这一部分最好能有医学心理科或者精神科的医生来进行科普，这也是增强民众精神卫生素养的一部分。

宣教形式按对象多元化展开。对学生可以采用多元化的活动形式，包括：人物心理分析、校园心理剧、心理调查报告、心理主题班会、心理小故事、电子小报等。对家长和教师则比较适合采用案例分析结合知识传授的互动讲座方式。

本章前文案例情境三描述的四（3）班的小虎，当教师群体增加了心理异常的识别培训后，对问题产生的原因就会有多元化视角的分析。对小虎，我们可以分步骤的展开分析。

思路第一步：一开始上学就这样的吗？什么时候，发生了什么事让学生出现了这些情况？如果是小学一年级刚上小学的时候就是这样的状况，就尽快进入第二步进行评估，如果是最近几个月或者半年来才出现的，就需要从家庭和学校生活发生的事件来多收集信息。

思路第二步：家庭情况，比如父母婚姻关系？是否是核心家庭单独居住？家庭教育能力？父母早年学校生活情况？如果家庭氛围温馨祥和，充满了稳定的爱的能量，那么该生的家庭支持资源良好，如果父母婚姻关系冲突矛盾较多、家庭气氛充满了争吵或者疏离，则需要从帮助家庭调整教育一致性、改善家庭氛围等方向开展帮扶教育，抑或父母早年上小学时也有类似的情况，则需要从遗传或者生理发育等角度做更多工作诊断。

思路第三步：是习惯养成问题还是有其他的可能性，比如注意力缺陷多动障碍或者儿童常见的感统失调。小学生发育过程中出现的感统失调不是疾病，因此并未被收纳进入精神疾病诊断统计手册（DSM），需要结合多项综合评估，才能更为准确地了解隐藏在失调背后的、可能的儿童心理行为方面的问题或者疾病，抑或仅仅就是发育过程中的阶段性现象。该生评估的关键信息有阅读时跳行、漏行、相近的字难以辨别；朗诵时丢字添字；运动时会发生同手同脚的情况；情绪上爱发脾气、打人，自控能力低于同龄人。与家长访谈后，追溯小时候存在系鞋带、扣纽扣等精细动作困难。

医教协同方案：校园和家庭协同工作后，启动转介医院进行诊断，医院诊断为注意缺陷多动障碍。治疗方案主要有：接受专业的感统训练、注意力训练、开展家长参与的心理辅导。

现实成效检验宣教目标达成情况。心理异常知识的宣教可以帮助学生有意识地觉察自己的心理状态，尤其是当个体觉察到连续超过两周都处于抑郁、焦虑等某种心境状态中，就可以启动积极的自我调适，及时维护心理健康水平，防微杜渐减少心理异常的出现。心理异常知识宣教也可以帮助家长和老师对学生言行举止中的失调现象尽早地觉察。

案例情境三分析：小学生的注意力缺陷多动障碍常常首先体现在学习上，也在行为与情绪的失控上有显现，当家长和教师缺少这方面知识的时候，会着重于学习态度、行为习惯等方面进行矫正性指导和批评教育，以期待其提高自控力。这样的帮教不仅不对症而且会使得三方都因缺少改善的效能而出现习得性无助感。家长被老师反复告知孩子在学校上课不认真听讲、与同学发生冲突、情绪失控影响班级纪律等行为，而家长各种方法都已经尝试过了，还是无效就会出现无力、无助感，既埋怨学校教师不理解自己，又觉得孩子不懂事更加缺少耐心，进而越来越多地采用简单粗暴的方法应对，亲子关系也日益疏离；教师在学校因为这样的孩子牵扯太多的精力，还可能会疏于对其他学生的帮教，求助家长也收效甚微，自己身心俱疲；而作为当事人的学生，更是体验到极大的委屈、无助，自己不想犯错误，但就是控制不了，对父母和教师也说不清，小小年纪就体验到了失望、无望的感觉，心境低落导致情绪和行为失控情况加剧。

此案例转介过程始于家长的主动性，得益于家长参加了学校培训。学校组织了一场请精神科医生进行的“小学生常见心理障碍的识别与治疗”的科普讲座，培训结束后，家长主动与班主任沟通，双方对孩子的问题都有了新认识，联系学校心理教师，共同商定后转介医院对孩子的情况进行诊断。由此案例我们发现普及专题宣讲给家长增加了知识储备，提升了对孩子心理状态的觉察能力，使得协同顺畅，心理异常知识宣教成效显现。

3.以心理分类养护策略指导为目标的宣教

对于学生的心理养护策略可以依从三个心理状态维度开展（如图十三），即维护心理健康状态，救助心理异常状态，预警干预心理危机状态。

图十三　心理状态宣教分类

分类指导存在不平衡现象。在维护心理健康状态的宣教工作中，学校、家庭和社会群体各部门的协同意识目前已经形成。随着国家、社会的重视，多种政策、文件的颁布，全社会对心理健康的重视程度日益提高，即使还存在着地区差异性，但不可否认对未成年人的心理养护意识蔚然成风。

而救助心理异常状态和预警干预心理危机状态，因其问题具有复杂性且因程度加深，使得帮扶难度加大，对我们提出了更高的专业要求。在宣教中加大心理辅导、心理治疗专业人员培训力度，尤其是协同工作意识的树立；增加学校人群的心理异常和心理危机常识宣教，尤其是对已经出现心理异常的学生、家长的精准宣教；研制出学校转介医院的工作流程，指导中小学校能依章守规的开展“校-家-医协同”救助工作。

心理异常宣教成为重点人群帮扶的必须。

心理异常在整体人群中属于少数，但是因其症状具有多样性和隐匿性等特点，不易被发现，所以对当事人、家庭和周围人群的负面影响很大。

案例情境十八

初二（3）班女生晓蕊（化名）性格内向。同座位琳琳（化名）发现她最近两周情绪低落，做什么事情都难以有兴趣，做作业比以往更困难，按照晓蕊自己的说法是“思想集中不起来”。班主任了解到她近一个月来轻眠易醒，每天早晨情绪都很糟糕，上周有两次因起床困难而不能上学。本周晓蕊睡前跟父母保证：“明天一定准时起床上学。”可连续三天都不能起床上学了，妈妈生气的骂晓蕊是“小骗子”，父母不相信她了，而晓蕊觉得自己生病了，希望父母带自己去看病，爸爸说她什么问题都没有，也不感冒发烧，这是在装病。

该案例提示：处于青春期的晓蕊目前认知和行为协调一致性受损，需要进行医学诊断以确定其目前心理状态。但是父母的言行则反映出他们明显缺少心理异常的鉴别知识。青春期情绪障碍早发现、早治疗对愈后有极大的帮助，如果成年人缺少鉴别这种神经系统“感冒”“骨折”的能力，将会对心理异常的中小学生群体带来不可估量的影响，甚至会导致他们成年后长期处于无法独立生存的精神疾病状态。

危机预防意识应作为宣教的内容。自杀在今天的社会是大家都知道的一种极端行为。其中未成年人的自杀、自杀未遂、自残（非自杀性自伤）等极端情况也有发生，有些未成年人的自杀意念、行为等与抑郁症和双相情感障碍等心理异常密切相关，躁狂发作期亦有过出现伤人的极端事故报道，因此学校教师和家长都要树立危机干预意识，这也是宣教的重要内容。

对家长进行孩子的心理危机预警和干预教育，需要有一些具体的观察维度（如表二）来指导。非专业人士缺乏对自杀行为的敏感度，因此可以增加对教师和家长进行生活常识的观察预警的宣教，提出一些敏感点，帮助学生周围的成年人提升危机觉察能力。

表二　孩子心理安全情况家庭日常观察表

项目类型/程度	没有	很少	一般	较多	很多
孩子异常行为表现（如与大多数人相比较显得异常；明显不符合情境；会对自己及别人造成重大伤害的行为；个性忽然的转变；不明原因突然给同学、家人送礼物、道歉、说告别话；饮食与睡眠习惯突然改变等）					
孩子特殊情绪状态（如焦虑、抑郁、或易激惹、情感极度淡漠等）					
近期遭遇重大负性生活事件（如：受外伤、感觉受欺负、被严重批评/处分、与朋友关系破裂、成绩大幅下滑、逃课或者离校出走等）					
青春期学生发生自我感觉尊严感受损事件					
家庭特殊情况（如：父母不良养育方式、家庭特殊结构、家庭变动等）					
其他（如：孩子曾谈论过自杀并考虑过自杀方法、写过有关自杀的诗或者文字等；父母或家人有精神类遗传病史等）					

备注：如果多个项目选择“较多、很多”，则危机风险越大，则家长要格外注意孩子的心理安全状况，有需要及时联系相关机构给予协助，及时开展心理辅导或就医。

社会媒体对于宣教有着得天独厚的优势。目前纸质版、电子版的报纸杂志、随时随地可以重播的电视节目，只需通过手机，就可以及时看到各种新闻报道。这样的电子化、信息化的时代，我们可以充分加以利用，联合各方合力，营造出适量、适度的心理健康素养社会宣教栏目，借助媒体专业人士的力量，开展动漫、绘本等多元技术加入的宣教形式，最大限度地把心理健康与异常的识别常识，像健康卫生运动中指导孩子刷牙、指导民众洗手的科普宣传一样，以重点突出、操作具体等方式宣传给大众。

南京市心育名师工作室在中小学“校-家-医协同”心育工作路径这一项目研究中，以温馨提示的方式定期对家长进行心理教育的宣讲，每次文字不多，但是都能契合开学、考试、放假等时间节点，对家长进行心理教育的专项提示，获得了一定的成效。（如图十四）

新学期“心”准备
——家长寄语

敬爱的家长：

您好！

秋季开学将至，孩子在兴奋之余难免会有些许忐忑，让我们一起来做点心理上的准备，帮助孩子更好地适应新学期！

【允许有个适应期】假日模式切换到“开工”状态，对于成年人而言尚且是个挑战，更何况是孩子们。因此，家长要允许孩子有个循序渐进的适应过程。

【合理规划助适应】家长可与孩子共同商讨，逐渐执行与在校期间相似的生活作息，完成暑期作业，制定新学期的目标，备齐学习用品，让孩子体会到“开学准备，家长跟我在一起。”

【鼓励中期待新学年】鼓励会让人心情愉悦，增加自信。开学前后多与孩子沟通交流，鼓励孩子积极参与学校与班级的活动等，这会增加孩子对新学年的期待。

期待您和孩子都能够在精心的准备下，获得“心”力量，迎接新学期！

8月23日

春日心灵寄语

亲爱的家长，临近期中考试，建议您：

1. 正面激励：多鼓励和赞扬孩子，肯定孩子的每份努力和微小的进步。

2. 调整心态：引导孩子认识考试只是学习的环节之一，它还扮演总结、复习、检验等多项功能。不给孩子制造过分的紧张和压力。

3. 管好时间：与孩子一起探索时间管理上存在的困境和应对方法，切忌简单粗暴的批评。

4月16日

暑期家长心灵寄语

来啦！来啦！暑期放松之旅来啦！这是您与孩子沟通的重要时期，良性亲子互动提升亲子关系、增进家庭幸福感，在此给您三点建议。

【正确看待期末考试分数】无论什么分数，要先看到并肯定孩子对学习投入的部分，讨论如何改进时，少唠叨多倾听。过度的唠叨容易引发孩子的叛逆心理，倾听孩子行为背后的想法，尊重理解孩子，用鼓励且坚持的态度帮助孩子塑造良好的行为习惯。

【增加孩子的自主权】根据孩子年龄适度增加自主权，了解孩子的假期诉求，与孩子商定暑期计划，提出合理建议，共同修改是增加执行力的基础。

【成为孩子的伙伴】创造亲子互动的机会，共赴一场旅行或是合作一件家务，全家共同做一些有意义的事情就是最好的情感滋养。祝您的家庭暑期愉快！

7月1日

图十四　家长心灵寄语——宣教

世界卫生组织官方公益视频《我有一条黑狗，它名叫抑郁》①，是依据马修·约翰斯通的著作改编的仅四分钟左右的动画版科普宣传片，用极简的配图和语言，让人们理解了什么是抑郁，如何与患有抑郁症的人

① ［澳］马修·约翰斯通、［澳］安斯利·约翰斯通：《我有一只叫抑郁症的黑狗》，广西科学技术出版社2017年版。

相处。上海市妇幼保健中心发布的公益宣传片①，也以极简的方式，让民众清晰了孤独症的症状和救治系统途径。这些增加了视听效果的宣教方式，是社会各部门协同宣教的成果。

（二）心理辅导中的协同路线

1.贯穿全部协同工作的始终

在不同的阶段，学校心理辅导在"校-家-医协同"心育工作中的阶段、内容和形式有所不同。因此不仅重要，而且守住边界也是其中的一项难点。（如图十五）

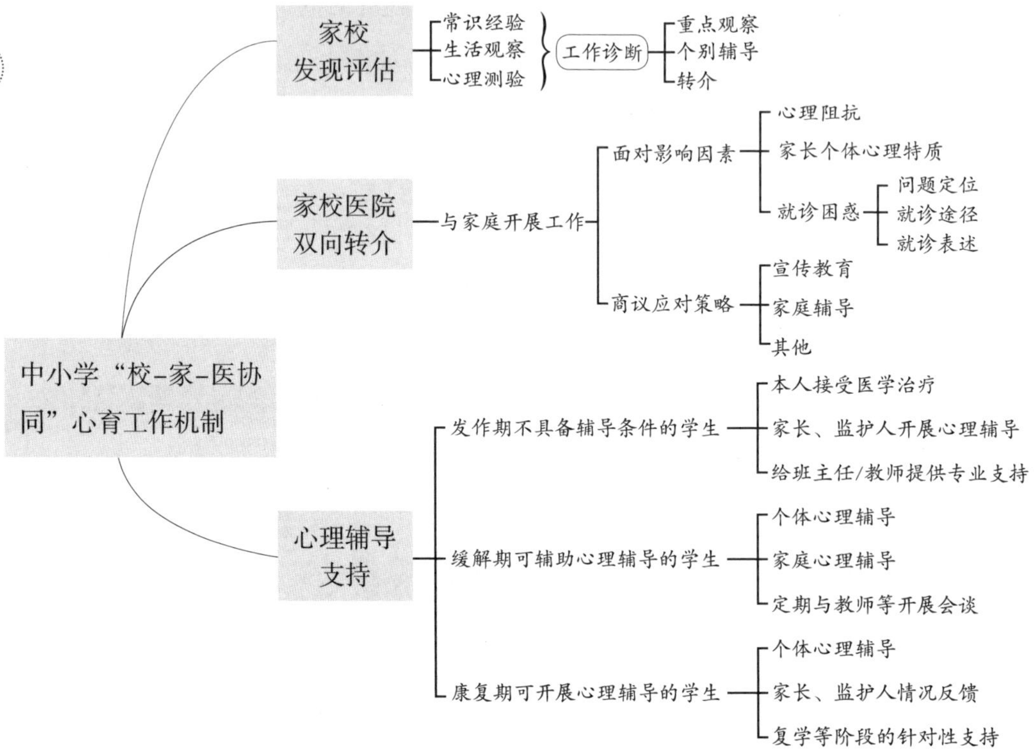

图十五　中小学"校-家-医协同"心育工作机制汇总示意图

心理辅导在对学生的心理异常家校发现与评估阶段，主要是进行工作诊断，确定问题性质后，对于异常情况启动转介工作；在转介医疗阶

① 上海市妇幼保健中心：《上海卫生和计划生育委员会加强公共卫生体系建设三年行动计划（2011-2013）孤独症防治》项目研究成果，由上海申动文化传播有限公司承制。

段对家长的辅导聚焦在针对性内容上宣教；在学生医学治疗中，学校辅导工作依据病情的程度从家长到学生本人之间进行灵活移动。学校心理辅导以生为本，以不同的形态贯穿协同过程的始终。让我们从案例情境的心理辅导策略分享中，看一看学校心理辅导，如何协同家庭和医院一起开展对心理异常学生的工作。

以本章前文案例情境十八为例，探索心理辅导策略。

第一步发现与评估阶段的心理辅导工作。从青春期生理发展的大背景下看晓蕊：青春期是身心发展、走向成熟的重要阶段，情绪会呈现强烈的两极化，变化的速度之快、程度之大常常会让周围的人难以适应，包括他们自己也会处于对情绪失控的不安和焦虑中。个体差异性让他们在青春期的时候也会呈现出不同的应对方式面对问题、困难和压力，此时对于适应性不足、自我调节能力缺乏的学生，很需要教师和家长及时发现并给予适时的帮助，避免发展到情绪障碍的程度。

从具体生活事件了解问题行为的原因：教师可以收集晓蕊近一个月有没有发生一些影响情绪的事件，看看是不是外界的客观事件对她产生了压力，并导致负性情绪一直不能自我调节和缓解，如果能找到原因，家人和老师可以开展针对性心理疏导，尝试缓解症状。

第二步转介医院评估诊断：如果疏导无效，或者并没有特别的事件导致晓蕊情绪低落，影响其社会功能，班主任教师需要跟学校心理教师联系，由专业心理人员对其进行评估，看后期是否需要到医院进行相关情绪状况的诊断。这一过程中，心理辅导的工作还需要加强对班主任教师、家长和晓蕊本人的心理异常知识的宣教工作。

第三步医院治疗中的学校心理辅导工作：医院确诊前，学校心理辅导和家庭紧密配合继续开展校内有计划的心理辅导工作。如果医院确诊心理异常，则根据医嘱进行医学治疗。有些学生医嘱中有写道：建议辅助心理辅导，则在学生认知、情绪和行为有一定一致性的情况下，最好开展父母共同参与的家庭心理辅导工作，既能帮助父母减轻情绪困扰，指导其获得有效的帮扶方案，也能评估当事学生的心理水平。并非医嘱建议辅助心理辅导的心理异常学生，在任何时间段都能够有能力接受心理辅导，评估将贯穿心理辅导的始终。

2.家长常见难题的辅导策略

转介就医阶段家庭常见的困难有：如何就医？挂什么科？脑科医院的就诊流程？孩子不愿意去怎么办？

案例情境十九

初二（1）班男生李力（化名）的家长到学校寻求心理教师的帮助，他们觉得需要到医院对孩子的情绪进行诊断，担心孩子得了抑郁症。但是他们实在不知道应该如何就医，到医院挂什么科室比较适合，又不愿意问亲戚或者同事，觉得是件难以启齿的事情，也不想让其他人知道，心里很着急。

转介中的常见问题就是家长群体对脑科医院就诊流程是陌生的，即使他们并不讳疾忌医，但是也会尽量悄无声息的寻求医疗救助，这也是当今社会文化背景下的现实。本着对家长的理解，对未成年人心理健康的关注，在针对重点人群和家长们的心理异常宣讲科普中可以提供一些就医信息。比如如果去脑科医院就诊，16岁以下建议看儿童心理科、儿童精神科，父母陪同孩子一起到医院就诊，家属陪同很重要。高中生看医学心理科，早期干预科，抑郁症科。如果去综合性的医院就诊，一般是精神科、心理科。掌握这些信息后，家长就可以比较清晰自己该如何选择了。

心理异常学生中有一部分是自杀危机风险高危人群，不仅需要对学校教师进行提醒，也需要对家长进行危机意识教育。本章节案例情境六中的高一的女生李敏（化名）流露出“死了就可以解脱了”的念头就需要自杀危机风险评估。如果是心理正常并由外在客观事件导致，那么及时的心理辅导能很大程度的缓解，但是如果因为抑郁症导致的自杀念头，病理性的症状反映，其风险很大。不仅孩子本身的问题存在危机风险，有时候不当的家庭教育也会增加孩子的危机风险。（如表三）

表三　容易导致孩子产生危机行为的家庭教育因素列举

因素列举	典型情境
让孩子的尊严感受损	家长在学校或公共场所骂孩子，尤其是旁边有认识他的同学和家长 对青春期的孩子讲话口吻简单粗暴、直接命令，缺少尊重
忽视孩子	父母工作很忙，对孩子的变化不能及时了解 家长重结果轻过程：孩子很努力但没达到家长的要求
教育方法简单粗暴	打骂、泄愤为主的教育 父母有时会说："你怎么不去死呢？""我很后悔生了你！"
对孩子发出的自杀信息不重视	家长站在自己的角度想孩子的言行，会有这样的语言对孩子说： "不要动不动就拿死来威胁我。" "我知道你就是说想死，但不会真这么做的。"

该阶段的心理辅导中还需要对家长进行发现孩子有危机行为如何救助的方法指导。

第一步：家长要熟悉除了班主任和警方110之外的各级（至少一个）专业心理支持机构求助号码。比如南京市中小学生心理援助中心热线电话025-96111（24小时有人接听）。

第二步：发现孩子存在自杀危机的不稳定状态：家长保持情绪冷静、不要刺激和批评孩子，在确保孩子目前安全的情况下及时拨打求助电话。

第三步：孩子情绪未稳定前，24小时陪护。确定导致危机行为的性质，是客观刺激事件造成的，及时解决问题消除隐患，情绪稳定后，建议开展以家庭为单位的心理辅导，学习更多的应对压力和挫折的方法。如果因心理异常造成的需要及时就医救助。

（三）治疗中的协同路线

1.树立辅导与治疗界限清晰的协同意识

在南京市中小学生心理援助中心的家庭辅导室中，作为家庭咨询师的我，就看到了不少不具备心理辅导状态、正处于发作期的中小学生，被父母带来，想通过心理辅导来缓解症状并代替医学治疗。有家长这样说："老师，医生开了药物有好几种，但是我们害怕副作用没有给孩子服用，想着最好是通过做心理辅导，帮助孩子改变现状。"也有家长单独前来询问："老师，孩子抑郁发作住院治疗中，医生说3—4周左右可以出院，现在才10天孩子跟我闹着要出院，说医院管理太严格，各项检查，还要抽血、吃各种药受不了，我看着也可怜，就想着给她办理出院，你给他做做心理辅导，可以吗？"

第一步共情家长，开展家长心理辅导。面对家长的请求，我们需要有心理辅导专业态度：共情、尊重、真诚和保密。共情家长的认知和情绪等内在的心理过程，深刻理解到家长焦虑、无措和心疼孩子的心情，想给孩子最安全、最有效的救助途径等想法，以及为了孩子到处求助的外在行为。共情既开启了直接对家长的心理辅导，也是对学生的间接支持。心理辅导教师真诚表达出的对家庭所处现状的理解，看到家长为此付出的心力、感受到整个家庭的不容易，既奠定了咨访双方良好关系的基础，又为进一步守住心理辅导的伦理界限提供了可能。

第二步在坚守专业伦理中明晰界限。学校心理辅导人员虽然没有医学背景，没有处方权和诊断权，但是了解心理治疗和心理异常人群医院诊治的基本概况，仍然是心理工作者的专业工作要求。心理异常的治疗方案因人而异，也具有较大的差异性，但还是有基础性的治疗方案结构的，因此需要了解医生对心理异常患者的常规治疗流程。在心理辅导中，针对家长普遍不清楚医学心理治疗的信息、做法等情况进行适当的介绍。尤其是帮助家长了解心理治疗和心理辅导之间的区别（前文章节有描述），以及对这两者在孩子病程救助中的不同作用进行耐心解释。

明确心理辅导人员不能就医生开具的药物进行“是否服用”的指导，只能跟医生进行商讨。关于是否能开展心理辅导，需要医生评估后，医嘱建议辅助心理咨询、辅导，但在初始过程中家长需要全程参与，进入到康复期后可以根据情况再开展单独针对学生个体的心理辅导。

2.辅导中需知晓的相关治疗信息

协同治疗中，学校群体和家长需要知道一些医疗的常识，这对于学校心理辅导人员而言是个难点。我们对学校和区域教育部门公益心理辅导中心的专职心理教师、心理异常学生及家长进行了相关问卷，其中有一项：与医学治疗相关的部分，您有哪些想知道的信息？我们对调查反馈进行了归类，主要体现在门诊挂号注意事项、医院文本的解读、服药和住院的有关事项，还包括何时能回校复学等其他困惑。

作为南京市首个心育名师工作室，我们团队20人带着诸多学校心理辅导中与“校–家–医协同”心育工作的常见问题，与南京脑科医院进行了联系，并走进医院的儿童心理科、早期干预科和抑郁症病房进行了实地考察，与门诊、住院部的医生们进行沟通交流，对药物治疗、心理治疗、物理治疗的综合诊疗模式等有了更全面的了解，医生们也询问了心理异常学生目前学校心理辅导的现状。在交流中我们把沟通的重点聚焦在了家长和学校心理教师问卷中的困惑上。

门诊挂号注意事项。针对不同症状，分别建议挂哪个科室的问题，从总的类别上说精神科是最恰当的，有些三甲医院叫精神心理科。一些专科医院分类更细致全面，在大的精神科类别下，设置有精神科、医学心理科、儿童心理中心、心境障碍科、强迫专病门诊、失眠门诊等不同类别。

本章节案例情境十九中的初二男生李力（化名），他是14岁的中学生，可以根据他的具体症状看医学心理科、早期干预科或者抑郁症科。也可以看儿童心理科、儿童精神科。未成年人在就诊过程中，父母陪同孩子一起到医院无论是信息收集的全面性和准确性的要求，还是对孩子心理上的支持都很重要。心理辅导教师在遇到家长此项具体挂号问题时，还可指导家长拨打相关医院电话，询问导医台护理人员，请求导医人员帮忙分诊，他们会根据患者年龄、病情轻重推荐挂号科室。有特殊需要，学校教师可以在家长（监护人）的同意下，陪同家长和学生一同前往医院门诊，便于医生了解在学校的相关情况，但是过程中需要注意心理辅导的全部伦理规范要求。

医院文本的阅读理解。医疗系统有自己的文本书写规范和档案管理体系，与患者联系密切的有病历、检查报告、处方和出院小结等，家长会把这些拿给学校心理辅导教师来看，并询问一些不理解的地方。其实，教师群体对这些也是不熟悉的，也很难对这些内容有精准的解读。一种方法是建议家长在就诊的时候多问问医生，另外一种途径就是医教协同中，心理教师与医生进行工作交流。

关于心理测验报告需要澄清的基本观点，那就是任何一个心理测量都不能代替诊断。心理测量的结果，是医生诊断有力的参考材料，也并非诊断结果。比如有些学生做了“SDS”“SAS”等抑郁和焦虑的测量量表，测评的结果可能显示“重度抑郁”“中度焦虑”等，但这并不等于“焦虑症-中度”“抑郁症-重度”，甚至可能连焦虑症、抑郁症都不是。量表显示的是近期你的痛苦程度，正常人遇到挫折事件也可能短期内出现抑郁和焦虑的情绪导致量表得分很高。心理教师了解关于测量的常识后，对于家长拿出测量报告就可以把这些理念指导给家长，既是科普的一部分，也可以让家长更为客观地了解孩子的状态。

随着电脑、网络技术的普及，越来越多的医院使用电子病历，因此如果心理辅导教师需要了解学生的测验报告，尤其需要知晓该生目前是否具备心理辅导的基础条件时，需要家长（监护人）提供病历及各项测试报告，也需要家长（监护人）的知情同意和对档案资料保密存放。如果家长希望或者要求学校对该生进行心理辅导时，需要请家长提供经由医生在病历上写明“是否建议辅助心理辅导”这句话，这也是在我国精神卫生法的框架下，为学校心理辅导工作提供合法性保障的重要环节。我国精神卫生法明确规定：心理咨询人员不得从事心理治疗或者精神障碍的诊断、治疗。而在治疗中，当心理异常学生状态缓解，甚至进入缓解期、康复期后，此时结合心理辅导对其康复有利，不少医生都会处方中标明建议辅助心理咨询、心理辅导。心理异常学生还处于严重的发作期等状态时，医生在处方中常常标注建议心理治疗，这仍然是在医疗系统内的治疗。

另外精神疾病的诊断需要排除器质性因素的影响，需要配合身体检查，例如验血、脑部CT等，一些脑部病变（颅内肿瘤等）也可能导致精神症状。因此需要鉴别排除。

关于服药、住院等问题。无论是哪种心理异常，或者是其他躯体疾病，甚至是一般性的常见疾病比如“感冒”，几乎所有的家长对孩子服用药物都有担心，也有部分家长是阻抗的。家长问得最多的是要服药多长时间？心理科的医生们跟我们介绍根据不同的疾病、病情的轻重缓急，服药的时间各有不同。但一般而言，疾病首发时被早期发现并开始用药，服药的时间会相对较短。复发次数越多、病情越严重，药物控制越困难，服药时间也会越长。因此，早发现、早诊断、早治疗，以及足量足疗程的服药对疾病的预后有重要的积极作用。医生们建议心理辅导人员在遇到家长们询问药物问题的时候，要让家长跟医生进行交流，并请家长们做好精神疾病需要较长的巩固期和维持期药物治疗的内心准备，足量足疗程是巩固疗效、预防复发的重要环节。

关于服药问题在心理辅导中还会遇到家长说：孩子住院期间服药正常，出院后就不规律了，想起来就吃，想不起来就不吃；还有一些学生对药物有排斥感，自己不愿意服药。这就是医教协同的另外一个宣教的重要内容，心理辅导老师一方面需要积极耐心的倾听，他们对服药问题的各种想法、担心和抱怨，另外一个方面也可以进行精神心理卫生知识的科普宣教，尤其是不遵医嘱私自停药会有迁延难愈的风险，尽量鼓励家长与孩子跟医生商量、询问关于药物的相关情况。

关于住院。学生出现难以自我控制、可能存在伤害他人或伤害自己的风险时，或者要进一步明确诊断，才需要住院治疗。在出院小结中医生对病情会有详细表述，尤其是最后的出院状态也是我们判断学生病情发展的重要依据，“痊愈”“临床治愈”“好转”等都是状态程度的描述。有一种“自动出院”特别需要心理教师注意，这常常是医生评估没有达到出院标准，但是在监护人要求下办理出院的。

关于复学相关问题

本章节案例情境十五当中描述的初一（1）班女生晓欣（化名），在恐惧症治疗好转，康复回校的过程中遇到了困难。家长们经常提出两个问题，一是如何评估何时可以回校上课。另外一个就是休学一年后，即使医生也鼓励孩子回到校园，孩子自己却不能到学校复课。这两种问题是家长在康复阶段最为困扰的。

准备：返校复学前后。从“校-家-医协同”心育角度看这两个问题的基本工作思路，首先是家庭观察和医院评估，其次心理辅导可以提前做些支持工作。

家庭观察中有一个父母做起来不是太困难的方法，那就是当事人病程前后的现实对照。父母常常是最了解孩子的人，可以有意识地从孩子身体、情绪、认知、主动性、行为、应对压力的弹性等维度进行对照。我们就以案例情境十五中的初一（1）班女生晓欣（化名）为例。（如表四）

表四　家庭观察评估能否回校上课的一般维度

类型	身体状态	家庭情况	心理状态	社会功能	现实困境
正常—过去	整体良好；睡眠正常；有过敏性鼻炎。	父母关系疏离、冲突；与弟弟时常口角冲突。	性格内向；自我评价有片面性；自卑感较强；易焦虑；人际冲突造成的心境压力缓解时间较长；	正常上学，比如可以完成每天的作业；与同桌关系较好，同年级还有一个原来小学同班同学关系不错。	父母频繁冲突对她而言一直有压力；班级有两个女生跟自己有多次冲突。
异常—发作	睡眠感缺失；鼻炎发作；心慌、头痛；没有胃口；医院诊断社交恐惧症、服药治疗。	父母关系有改变，联系增多，冲突还在；与弟弟冲突减少，疏离。	不能消除自身焦虑感、被焦虑感控制；处于自己的世界中，几乎不能与外界交往，能动性几乎没有。	无法与其他人进行交流，包括家人；不上学；不接同学和老师的电话。	个体适应平衡性被打破；自我封闭；与家人矛盾仍在。
康复—当下	轻眠易醒偶有发生；鼻炎有两个月没发作；胃口正常，体重减轻5斤；抗焦虑药物减半。	父母心理辅导后开始注重关系改善，对儿女态度较多平衡；弟弟对姐姐的疏离中也有关心。	莫名的焦虑感很少出现；认为自己有一定的能力；能跟弟弟在家里吵架而不是发生矛盾后就躲回自己房间，弹性应对压力能力提升。	目前持续半天上课；与同学可以中午在操场散步聊天；不能完成数学作业；主动提出跟母亲到超市购物选购爱吃的零食。	担心自己的病情；对于是否能全天上学没有把握。

从晓欣康复的当下来看，每一个维度都比发作期要改善很多，因此康复的状态很明显，但是其各方面还没有恢复到正常的状态，因此其当下最大的困扰既属于现实困难，也是其尚未完全康复的一种状态。家长可以及时跟医生反馈现状，听专科医生的评估诊断和建议。一般来说能够回校上课是社会功能康复的重要标志，但是这不是一蹴而就的，是需要大家共同努力的。

致力于：营造安全的家庭环境。晓欣没有休学，一直在断断续续的上学中，可以考虑小步走逐渐增加在校时间的方法，同时针对当下的身心情况适度增减波动。心理辅导在这一阶段的可为之处是跟家庭一起，聚焦在具体的困扰上，注重信心树立，为学生营造安全的家庭氛围。比如家长会被孩子本周比上周少上了半天课而困扰、焦虑，而心理辅导教师则可以帮助他们从一个较长的区间看晓欣的进步，4月在校园的时间比3月多了3天。整个康复的过程就是波动的过程，只不过整体趋势是改善的方向。心理异常的康复过程很多家庭都没有做好1—2年甚至更久的长期准备，他们焦虑在“都3个月了，怎么还没有好转？”心理辅导中既要注意对常识的普及，让家长做好持久战准备，也要注重对他们开展科普知识宣传。针对不同病情、病情不同阶段、不同家庭背景的孩子，制定个体化的关注方案，以此来给予家长和学生积极的支持，帮助其树立信心。

预防自杀：病情不稳定或反复。并非所有心理异常学生的康复过程都是一帆风顺的，对复学后病情不稳定或反复的学生，学校教师应该有预案做好学生心理安全防范工作：建立完善的高危学生心理档案制度，成立心理干预小组；了解学生的病情及当前病情发展阶段，可以帮助我们做好一些风险预判和预防性工作；有条件的学校可以做好风险评级工作，进行分类管理。比如有些处于抑郁症极重度状态的学生会产生病理性的自杀意念，却无执行的能动性，但是当症状缓解后，反而有行为能力执行自杀意念，这些情况就需要加强监护，不能放松监护、预防自杀的行为。

协同工作中，学校心理教师也需要对班主任和课任教师进行指导，让他们在尊重和关怀的前提下，与孩子建立良好的师生关系，鼓励学生及时与自己沟通。在保护学生隐私的前提下，发动任课教师和班级同学的助人积极性。通过家访熟悉孩子的家庭情况，争取家长支持，在“校-家-医协同”心育工作的机制中构架孩子的安全防护网。帮助孩子更好适应返校环境。必要时，督促孩子及时复诊，再次进行医疗干预的介入。

中小学生心理异常是一种慢性化、复发率高、导致社会适应困难和致残率高的疾病状态。人的感知、思维、情感和行为出现异常，常常具有隐匿性，是逐渐发展的，给本人、家庭、学校和社会都会带来极大的影响。基于此整个社会已经意识到协同工作是帮助该类人群的最佳方式，家校合作是基石，医教协同是科学救治的关键，社区联动有助于资源共享，各部门的联合能提供最大限度的保障。

本章探索中小学教育领域中学生心理异常的发现、转介医院、医院治疗后回校康复等过程中，学校，家庭和医院协同工作的内容与意识，并在国内外相关实践做法和理论研究的基础上，探索出我国中小学具有当代可推广、可迁移、可运用的实践机制，在教育系统中形成学校与区域教育部门公益心理辅导机构之间的协同，联合医院专业治疗的资源，立足于对心理异常学生及家长的辅导和帮助。探索医院、学校、区域环境中未成年人心理援助中心，家庭在组织机构、专项制度和统整协调等方面的具体、可操作的范式，并期待形成更为多元的社会联动方式，工作于中小学的心理健康领域。

第三章　中小学生心理异常的校园发现与评估

学校人群在生活中常会遇到困惑，这些困惑聚焦在心理问题的发现与评估上。让我们从校园相关人群的现实情境中来看看。

来自家长的询问。有不同的家长会主动来电询问心理教师同一个问题“我的孩子是心理问题吗？他为什么会突然这样呢？我应该怎么做？”对于家长们来说，孩子平时“都挺好”，然后突然有一天，他们用崩溃的情绪和行动表达着“我很糟糕”“我不想上学”时，不少家长会陷入无法理解的困惑——“为什么会这样？发生了什么？我早一点怎么没有发现苗头？”有心的家长会拨通热线问一问，抑或与班主任沟通了解更多孩子的信息，寻求解决方案。

同样的困惑也会来自班主任老师。他们有时在校园里偶遇心理教师，讲起班级某个学生的一些特别表现，在“抱怨”自己无助的同时也想通过心理教师明确这个学生究竟是不是心理问题。不过也会有老师主动预约心理教师重点谈谈某个学生近期的表现，认为有“危机”风险，因为他自从期中考试失利以来常常迟到、作业不能完成、在学校不愿与人沟通，就像换了一个人。有心的班主任会在工作中多一份警觉，当他观察到某些“异常”情绪与行为后，便有了“是否有心理问题”“是否需要心理援助”的念头，并通过与心理教师沟通来表达自己的担心。

一些学生会成为那个发现问题的人。他们会来报告好朋友的异常表现，希望心理教师能够帮忙。一名高一学生来到心理辅导室，明确表达是想来咨询一下自己的好朋友是不是抑郁症，自己该如何帮助她。并且希望老师能够帮忙评估一下自己已经开展的助人行为是否正确。也有一些学生成为主动报告者。在通过心理课了解了一些心理健康的知识后，便会主动寻求心理教师的帮助，想要尽快摆脱情绪的困扰。

大众群体中的有心人。他们也会看到他人或自身心理的异常表现，并通过“求证”“求助”的方式想要去获得问题的解决，但是还有很多未成年人的“异常”表现可能被忽略或者被定义为“好动”“矫情”“不懂事”“长大就好了”“大家都会这样”，从而让心理问题得到了进一步“长大”的机会。虽然社会对未成年人心理健康的重视程度正在与日俱增，但从过往心理健康的科学普及寻踪上，我们发现心理异常的生活鉴别常识等还不是重要的科普点，大家对心理问题的概念理解大多还是停留在表层。因此当一些不同寻常的情绪或行为状况出现的时候，很容易被忽略，父母甚至教师以为他仅仅是在闹脾气。

如何识别“情绪”与“行为”的警示？如何帮助中小学生及家庭逐渐“厘清头绪”，尝试去理解这看似“不知所以然的突发情况”可能是“一场预谋已久的心理问题”呢？如何评估“问题”是不是心理问题，还有更进一步的考虑，如果是心理问题，那么程度如何呢？是否需要心理援助呢？让我们一起来讨论。

一、中小学生心理异常的校园发现

学生心理异常的早发现、早干预已经不再是学校心理教师群体在呼吁了，国家层面出台了系列政策、文件，甚至提供了明确的指导方案。2020年9月11日，国家卫健委官网发布《探索抑郁症防治特色服务工作方案》。方案提出，各个高中及高等院校应将抑郁症筛查纳入学生健康体检内容，建立学生心理健康档案，评估学生心理健康状况，对测评结果异常的学生给予重点关注。在2021年发布的《中国儿童发展纲要（2021—2030）》第13条明确提出要加强儿童心理健康服务，要提高教师、家长预防和识别儿童心理行为异常的能力。2021年教育部办公厅关于加强学生心理健康管理工作的通知中指出，要做好心理健康测评工作及强化日常预警防控。

近年来各级各部门连续发文指出心理健康对于学生成长的重要性，并越来越明确工作方向和任务，其中无不重视对学生心理健康的筛查。由此可见，对异常心理及时、科学的发现与识别既是预防工作，也是所有干预工作的前提。

（一）特点与现状

1.中小学生心理异常的复杂性

心理异常也是身心成熟发展过程中的一种特殊现象。中小学时期是学生身心成长的高速发展期，他们的每一次成长与进步常伴随着某个问题的解决。不过有些问题似乎是暂时的，随着身心发育的成熟，问题自然解决，比如低年级小学生的遗尿问题。但是也有一些问题并没有随着发育消失，而是随着时间推移变得复杂成为症状，比如有学生因为入学焦虑、人际交往困扰、家庭教育方式简单粗暴等导致遗尿问题一直持续到小学高年级。

更为典型的情况会发生在青春期。不同国家和地区包括世界卫生组织等，对青春期的年龄有不同的划定，世界卫生组织把青春期划分为10—20岁，并且女性和男性的青春期也存在着性别差异性，一般来说女性早于男性1—2年的时间。由于青春期身体是加速发育的，特别是生殖系统迅速发育达到性成熟，但心理和社会适应能力的发展却相对滞后，因此他们特别容易在心理上引起波动不安，形成较复杂的青春期心理问题。大多数青少年在青春期发育的某个阶段和某个方面会面临一些情绪或行为上的挑战，如焦虑情绪、抑郁情绪、行为失控或者不良习惯等。不过这些问题如果能被及时识别并得到适当引导与帮助，绝大多数都会是暂时现象；但如果不能及时解决，可能会导致负面情绪、问题行为持续时间拉长，问题就会变得复杂严重，有发展成为焦虑症、抑郁症等心理异常的可能，这不仅会打乱当下的学习生活节奏，甚至会影响一生的健康发展，严重者可能出现危机。

心理异常和思想品行问题易混淆。一位高中女生因为在校园里和男生行为亲密被带到了德育处，经了解这位学生的恋爱经历丰富，已经有好几任男朋友。这是心理问题还是思想品行问题呢？女生在校园里的当众亲密行为不符合学校规章制度，是需要规范调整的，但她频繁更换男朋友的恋爱行为背后是否会有深层次的心理需求呢？这些需求是正常的还是异常的？

过往学生的不少心理问题直接被忽略，或被定义为思想品行问题，比如小学生的注意力缺陷多动障碍，这些学生因为上课时不能集中注意力、小动作多，因而常常困苦于被指责、被批评的思想教育和行为规范的教育方式中，痛苦于“屡教不改”，导致亲子关系、师生关系越发糟糕。注意力缺陷多动障碍不仅没能得到正确治疗，还衍生出更多其他心理问题。

另一方面，随着人们心理健康意识的增强，当下的中小学教育中谈到心理问题又有点草木皆兵的态势。学生一旦出现某个状况似乎都能贴个“心理问题”的标签，结果思想品行的问题被“掩盖”，心理疏导也没有成功。

思想是人们思维活动的产物，是客观存在反映在人的意识中经过思维活动而产生的结果。心理是人的大脑反映客观世界的过程，如感觉、知觉、思维、情绪等。思想与心理有区别但又相互影响，容易混淆，需要慎重鉴别。让我们用一个情景对比，来对这两者之间的不同进行鉴别解析。

案例情境二十

小学五年级的彬彬（化名）。下课的时候离开座位往教室外走，路过前排座位的时候，手摆动幅度很大，把同学晓宏（化名）的文具盒搞翻在地，晓宏让他把文具盒捡起来，彬彬不肯，两人吵起架来。

分析：思想言行教育的相关问题，鉴别标准事出有因，自我有觉知可控制。彬彬这么做是故意的。因为昨天晓宏带来了一块印有很漂亮卡通图案的橡皮，彬彬也很喜欢就跟他借用一下，结果他不同意，彬彬心里很不痛快。今天下课就故意把他的文具盒搞翻，既是挑衅一下，也是借此机会让晓宏知道“我对你不满意。”

可能的心理异常鉴别思路，知情行不一致、失控。彬彬经常与同学发生类似的矛盾，每次出现这种情况，他就特别委屈，会大喊“我不是故意的”，情绪激动甚至有几次无法控制自己，与同学打起来，他觉得同学们太斤斤计较。事后等他平静下来，家长和教师问他为什么搞坏别人的东西还打架，他说：“我也不知道，就是控制不住。”

2.中小学生心理异常的隐蔽性

藏在学业中被忽视。如果学生的学业成绩很糟糕，我们给家长们机会去谈论孩子在学习中出现的问题，家长们定能列举出一个长长的问题清单，比如写作业拖拉磨蹭、上课爱走神、对学习不感兴趣、学习习惯不好、学习不够主动、不用功、喜欢玩手机游戏……其实这些行为表现每个学生都会出现，只是程度不同。如果把他们这些行为表现看作“问题”，那我们就要学会区分他们到底遇到了什么问题，是发展性问题？还是发育性问题？或者是障碍性问题？但是学生们的这些问题常常会一律被定义为“不爱学习”的态度问题，因而导致教育手段简单粗暴，往往让隐藏其中的心理问题，如情绪问题、注意力缺陷障碍、适应性障碍等被忽略。还有一些“乖”学生心理问题更隐蔽，他们的懂事、成绩好成为耀眼的标签，让家长、老师常常看不见他们的学习压力、考试焦虑、体象困扰、人际困扰、压抑抑郁等情绪问题。

藏在日常行为中被忽视。在我们的工作经验中，很多“网瘾”青少年的成瘾行为背后，多有现实生活中心理需求未被满足的情况。但家长、老师在教育中常常从外显不良行为的纠正角度出发，以过度惩罚、暴力、唠叨等方式应对，忽略了产生“网瘾”的心理原因，导致青少年与成人的对抗冲突，出现很多因情绪冲动导致的恶性事件。广州日报在2019年12月25日的一项报道中谈到，在网络成瘾障碍的群体当中，15%的患者同时患有社交焦虑障碍，14%患有注意力缺陷多动障碍（多动症），7%患有轻躁狂，15%患有广泛性焦虑障碍，7%患有强迫型人格障碍，14%患有边缘型人格障碍，7%患有回避型人格障碍和2%患有进食障碍。[①]如果心理异常行为的识别出现偏差，势必会延误了最佳治疗时机，从而影响学生一生的发展。

当作隐私藏在内心。这种情况在中学生中比较常见，他们注重人际交往中的面子，不少中学生宁愿忍一忍也不愿意让自己的心理问题透露给任何人，担心引发“被歧视”“被嘲笑”等更糟糕的情况。为了尊严和面子即使觉察到异常，也会被隐藏并积压转化成为严重的情绪障碍。

案例情境二十一

初一的女生庭庭（化名）因为重度抑郁休学，半年后遵医嘱开始开展心理咨询。在辅导中她跟咨询师提到自己的自伤行为从小学5年级开始，但是妈妈跟辅导师说初一的时候才发现女儿有自伤行为。庭庭说：“近两年的时间里，父亲都在照料怀孕的妈妈和新生的小婴儿，自己唯一能被关注到的时刻，是在成绩不好被教训的时候。”

分析：通过辅导我们能感到无助又懂事的小姑娘认为都是因为自己不够好才会这样。自责、委屈、压抑等负性想法和情绪让她意识到自己有心理问题但是却不敢说、不想说。这成为学生心理异常难以被发现的一个重要原因。本案例中家长不敏感，缺乏对孩子心理状态的觉察。

3.中小学生心理异常的识别多依赖于他人

未成年人对自身心理异常缺乏自我觉察。中国科学院心理研究所、社会科学文献出版社联合发布了我国第二本心理健康蓝皮书，书中专题报告了《我国青少年心理健康素养现状》[②]，研究结果显示青少年对一部分心理健康知识题目的正确作答率很低，这成为制约心理健康素养提升的短

① 苏赞、叶碧君：《广州市帼志愿者在行动：为青少年心理问题筑起防线》，载《广州日报》2019年12月25日。

② 傅小兰、张侃主编：《中国国民心理健康发展报告（2019～2020）》，社会科学文献出版社2021年1月版。

板。特别是小学生，因其身心发展的程度而使得他们普遍存在对自己的认知、情绪和行为等方面的一致性认识不足，现实检验能力较差，对自身存在的心理异常缺少辨别的经验和调适与修正能力。当频繁地出现情绪不稳定、焦虑、好动和暴力行为时，中小学生往往意识不到是自己的心理出现异常。这便要有赖于他们身边的成年人能够做出识别，予以帮助。

教育者心理健康意识与知识不够。上述研究报告中同时指出，无论是青少年的心理健康知识，还是专业心理求助态度，都受到家庭因素的重要影响。父母的文化程度越低，青少年的心理健康知识水平也越低。青少年在遇有自己、家人或朋友出现心理问题时，是否愿意寻求心理咨询师的帮助，受经济状况、父母之间关系影响很大。经济状况差，父母关系不好的家庭，青少年的专业心理求助态度也更消极。

案例情境二十二

一位初三班主任告知家长，其孩子近期的表现反差很大，有些异常，比如上课一直睡觉，提醒他后会听课，老师一转身就又趴着睡起来。原来与同学有不少交流，现在发现他课间也不与同学交流了。希望家长能关注孩子的心理健康。家长立马非常生气地跟老师说："不会的，我的孩子绝对不会是心理问题。"

分析：在我们的实际工作中，有些家长会愤怒于班主任的某些反馈。这份"愤怒"的背后可能有"心理问题很丢人""老师在指责我不是一个好家长""一点点事都要跟心理问题扯上关系""教师应该自己管"等各种认知。这种对"心理问题"的抗拒会延误对学生异常心理的进一步识别和评估。同时前文谈到学生的心理问题具有复杂性和隐匿性，如果家长或者老师的意识不足、知识不够将更加阻隔对学生心理问题的发现与治疗。

同样，教师的心理健康意识与知识不够会出现教育偏差，导致对学生异常心理行为的敏感度不够，对学生心理发展关注不够，会误解学生的言行。

讨论与报告的渠道不明。有时学生本人或者教育者凭借生活观察、自身经验感觉到心理有异常的现象，他们在不想乱下妄断的同时，如果能有可以沟通交流的对象或者倾诉讨论的渠道，也许这样的经验性发现就成为非常重要的、及时的问题识别。人们有时因为“心理问题”的隐私性，需要有一个感到安全的环境才会有勇气去暴露和讨论，否则宁愿放在心里再观察一下、再衡量一下，或者就淡忘了，错过最佳的救助机会。在心理辅导室中，常有家长会说我不知道学校心理教师的电话，我不知道区域教育部门公益心理辅导机构的求助途径……由于支持性的专业人员及途径的不足，或者宣传不够，也阻碍了学生异常心理的发现与报告。

（二）工作的前提条件

1.学会区分中小学生心理健康与心理异常

心理健康是相对的。心理健康只有相对的标志，没有绝对的界限，只有量的变化，没有质的区别。从心理不健康到心理健康之间，是一个延续的频谱带，要在哪个地方划上一条绝对界限是困难的。[①]

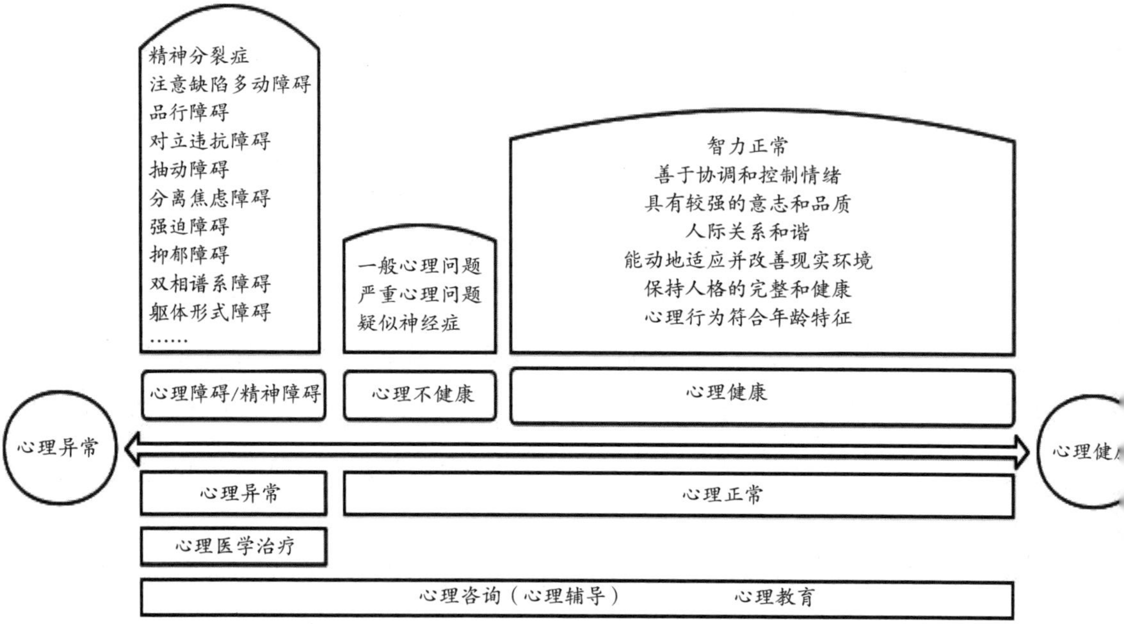

图十六　心理状态频谱示意图

① 郑晓边：《心理变态与健康》，安徽人民出版社2002年9月版。

在图十六“心理状态频谱示意图”中看到，心理健康状态可基本划分为心理正常（无病）、心理异常（有病）。其中一般心理问题、严重心理问题、疑似神经症都属于心理正常范围的心理不健康状态，并不是心理异常。在“校–家–医协同”心育工作路径的研究中，我们主要探讨对心理异常学生的工作，但是对于心理问题的早期发现及干预更为重要，因为很多心理障碍的确诊常常是因为在问题发展初期没有得到有效帮助而使情况加重的。因而心理教育、心理辅导、心理咨询应面向所有学生，并贯穿于学生心理状态的所有阶段。只是心理辅导和心理咨询更聚焦于有个性化需求的学生。

作为学生本人及家长、老师来说，不论是从常识经验、生活观察、还是理论学习，都应要能够基本区分心理健康与不健康、区分心理正常与异常。专职心理教师是校园内学生心理健康与心理异常评估的专业力量，这一群体本身更需要在鉴别能力上多做研训，并能根据自身的胜任力或优势在学校开展不同类别的心育工作。

关于心理疾病的诊断及其标准随着社会变迁、科技医学的进步也在不断地更新中。2022年，世界卫生组织发布了《国际疾病和有关健康问题的统计分类》（ICD–11），其中提供了最新的精神疾病诊断参考标准。此套标准由世界各国参与修订，在国际上有广泛影响，被众多国家及地区的卫生部门参考或认可。专业心理教师可以参考《中国精神障碍分类与诊断标准第3版》（CCMD–3）的分类标准，以及美国精神病学会编辑及出版的《美国精神障碍诊断与统计手册》（DSM–5），来帮助自己提升鉴别评估校园内中小学生心理异常的能力。

心理是否健康需要多因素考量。人的身高可以用尺子准确度量，但我们的心理健康水平要准确计算却相当不容易。识别人的心理是否健康需要综合考虑年龄、性别、社会身份、情境、社会文化等各种因素。

案例情境二十三

有一位即将参加中考的女生，原本挺乐观开朗，与人相处友好。不过最近两周，她不仅在情绪上抑郁低落，学习上也不能专心，晚上开始失眠，甚至开始抵触与父亲交流等，让身边老师同学都感到她有些不正常。但是，如果你了解到，两周前，她常年不在家、对自己和妈妈很少关心的父亲回来后直接跟妈妈提出了离婚。由此，你可能就不会觉得她不正常了。

分析：更多的了解让我们对学生的表现多了一份理解。因为他的变化是由现实中的客观事件引起的，具有一致性，这是一种正常的心情波动。不同年龄特点的人身心发展特点不一样，因此行为表现也不同，同样的行为发生在小学生身上是正常的，但发生在成人身上则是异常。比如小学低年级学生在商店看到自己喜欢的文具要父母买而不被允许的时候在商场哭闹，这个行为与低幼年龄的心智水平相一致，而如果一个成年人要买某件衣服家人不同意的时候，会考虑到周围的公共情境而隐忍，回家后再争吵。

某些行为发生在女生身上是可以接受的，而发生在男生身上则难以容忍。在叙事心理治疗的流派中有个“主流论述”的专业名词，主要指社会中大部分人认同的观点。比如说哭泣这个行为大众普遍认同女子哭泣是被允许的一种情绪表达方式，而男子哭泣则会被认为“不够坚强”等，传统的社会主流论述认为男儿有泪不轻弹。

一些行为在特定的社会背景和条件下是正常的反应，而在其他情况下出现则是反常。比如说在战争的年代，有人习惯于把粮食等藏于家中的多个地方以便于应对各种突发情况；而在和平年代，这个人仍然在家中让自己在2米间隔的距离就要有收藏的食物，这就要考虑是否有过度的心理反应了。所以，衡量一个人的心理是否正常，主要看其在同等条件下是否符合大多数人的心理和行为的一般模式。

心理异常的信号。心理异常的实质是大脑的结构或机能失调，或者人对客观现实反映的紊乱和歪曲。既反映了个人自我概念和某些能力的异常，也反映为社会人际关系和个人生活上的适应障碍。当学生的心理出现异常时可能会给人一种“最近他怪怪的”感觉，比如：想法有点偏激、情绪反应过头、不愿意上学了、晚上总是失眠等。当这种感觉出现时，家长、老师就要多一份敏感，意识到“事情反常必有蹊跷”，主动去观察、沟通、总结、反思学生在认知、情绪、行为、身体健康方面具体有哪些变化？这些变化是否有诱因或者规律？如果能够抓住这些信号，就能给予中小学生及时的救助。在第二章中关于家校发现与评估的方法中提到，可使用我们的常识经验、生活观察和心理测验的方式。这里再给大家从身心特点的过程性维度帮助大家增加发现心理异常的方法。可以从以下四个方面来考量中小学生心理是否出现了异常。

性格方面的变化。个体的性格是长期逐渐形成的，并且具有相对稳定性。中小学生的性格如果突然与之前有较大的反差，需要引起注意。例如平时挺开朗活泼，爱玩爱闹的学生，突然变得沉闷孤单，内向胆怯；以前这个学生无忧无虑的，什么事都不操心，现在变得心事重重，敏感多疑；以前挺温和沉静的学生，现在却动不动发脾气；以前的他对人宽容友好，现在变得斤斤计较，嫉妒别人，甚至有些学生出现报复的心理。

案例情境二十四

高中女生丽丽（化名），最近一个月频繁和父母抱怨在教室里总能听到身边同学议论自己，关注自己，实在是无法专心听课。她说为了避免看到这样的场景，下课就躲进厕所，走路就埋头躲避与人目光交流。老师反映她越来越孤僻。父母尝试各种“安慰”“劝说”“讲道理”都无法让孩子安心。

分析：这时我们应该意识到学生个性发生了极大的转变。父母可能还没有意识到孩子的心理发生了异常，只是反复强调女儿变成了一个“不认识的孩子”。我们需要进一步收集资料，在一个月前丽丽有没有遇到一些突发事件，如果有则需要针对性的心理支持与帮助，如果没有特别的事件，则提示我们需要对她重点关注及时开始心理评估。

行为方面的变化。在中小学最容易引起父母关注的行为变化是孩子出现“不想去学校”“不写作业”“上学拖拖拉拉总迟到”等和学习相关的行为变化。在我们大量的心理辅导实践中发现，学生们最有效的求助信号就是开始强有力的提出“我不去学校了”！往往这时家长才能下决心不得不反思：“孩子是否遭遇了心理困扰”。所以当学生不管是何种原因，就是不愿来学校，总要频繁请假在家调整，或者一提到上学就会寝食难安、乱发脾气，或者有时也想去学校，但就是走不出家门，还有更甚者好不容易来到了学校门口，但是开始紧张冒汗、腿脚发软，是真的无法迈进校园大门……这些情况都要引起重视，因为躯体反应在发出强烈的异常信号。

除了学习行为的反常，学生的言谈举止和平时不同时，也提示他们可能出现了心理问题。如精神恍惚、突然沉默、回避某些场所或某些人、言论极端、频繁与他人发生冲突、无原因的成绩大幅下降、莫名哭泣、自残、某些动作强迫性重复等异常行为。

案例情境二十五

区域教育部门公益心理辅导中心的热线辅导志愿者，接到一位初二父亲打来的电话，很是着急。说自己的儿子已经待在房间三天，一直躺在床上，不刷牙不洗脸，吃喝很少，跟他讲话也不理人。心理教师询问有没有发生什么事情？父亲说他们也了解过没有什么特别情况，班主任反映最近两个月来儿子在学校也不太跟人沟通。

分析：社会功能受损也是一种很重要的可能存在心理异常情况的提醒。案例中的初二男孩不能上学、不愿出门，整天把自己锁在卧室里；不愿和家人或者同伴进行现实交流，这些都是异常的典型表现。

情绪方面的变化。正常的悲痛、恐惧、惊奇、焦虑、狂喜、愤怒等情绪人人都有，但是如果情绪过度反应就可能存在异常情况。比如学生突然变得暴躁易怒、无缘由的哭泣、恐惧、抑郁、多疑；比如原来晚上能关灯睡觉，没有发生任何特殊事件就变得不能关灯睡觉、睡觉开着门、对脚步声特别敏感、对他人评价特别敏感；比如对于一般人来说临近考试都会有些焦虑状态，但是他的焦虑超出平常，彻夜失眠或是出现较严重的胃肠反应；比如对很多事情不感兴趣，以前感到高兴的事，现在开始感到非常没有意思；非常明显地恐惧，青春期的年龄段还像幼儿园或者小学低年级时候一样的黏着大人，以前能独立睡的，现在又要求家长陪着睡等。情绪是最外显的信号！过度的负面情绪反应特别值得关心。

生理方面的变化。身心是息息相关的，当一个人长期处于压力状态，负面情绪较多，就会影响到身体健康。身体出现症状通常首先表现在饮食和睡眠上，当学生体重暴增暴减，暴饮暴食或者厌食，入睡困难、经常夜惊、失眠、做噩梦、睡眠过多等，我们就需要有所觉察了。另外还有一些学生常因身体不舒服，比如：头痛、胃痛、胸闷、心跳加快等去医院做了各项检查，但都没有器质性病变时，要考虑这可能是心理问题造成的躯体化症状。这是在用躯体症状表达心理诉求。

2.了解中小学生常见心理障碍及其表现

申继亮和王凯荣认为教师心理健康教育能力的认知基础是对学生心理特征的知觉与判断。[①]了解中小学生常见心理障碍应成为中小学教师特别是心理教师的基本功。如表五“举例中小学生常见心理障碍三则”。

我们通过郑毅教授2021年5月在《全国儿童青少年精神障碍流行病学调查报告》中的内容发现，在6—16岁在校学生中，中国儿童青少年的精神障碍总患病率为17.5%，其中，流行程度最高的精神障碍包括：注意缺陷多动障碍占6.4%、焦虑障碍占4.7%，对立违抗障碍占3.6%、抑郁障碍占3.0%、抽动障碍占2.5%。

其中6—11岁样本人群中患病率较高的是，注意力缺陷多动障碍、品行障碍、对立违抗障碍、抽动障碍、强迫症和分离焦虑障碍；12—16岁样本人群中患病率较高的是，重性抑郁障碍、双相情感障碍、创伤后应激障碍、社交恐惧症和精神病性障碍。由此可见，小学生更多出现行为

① 申继亮、王凯荣：《论教师的心理健康教育能力的构成》，载《北京师范大学学报（人文社会科学版）》2001年第1期。

问题，而中学生更多是情绪类障碍。[①]

表五 举例中小学生常见心理障碍三则

心理障碍名称	年龄特点	主要表现
注意力缺陷多动障碍	小学生为主	注意力特征：维持时间短、稳定性不足，容易被外界刺激影响分散注意力。 行为特点：活动具有冲动性，大多时候活动过度。动作失控；活动缺少目的性；冲突时行为有破坏性，容易出现伤人伤己的情况。 人际互动：不能遵守游戏规则，常导致无法正常参加同伴活动。 情绪特点：不分场合情景发脾气、情绪易激惹、波动大。
焦虑障碍（分离性、广泛性、惊恐、社交、特殊恐怖）	中小学生	情绪反应：紧张、极端敏感，对轻微刺激有过度反应。 认知特点：以过度担心为核心的、对事件和任务有超出常态压力的想法。 行为反应：坐立不安、集中注意力困难。 躯体反应：会伴有心悸、心慌、气短、胸闷、出汗、肠胃不适、肌肉持续性紧张等躯体反应。
抑郁障碍	中学生为主	情绪反应：持续的抑郁心境、易激惹，失去满足感和生活乐趣。 认知特点：低自尊、无能感，倾向于悲观、夸大或灾难性解释事物，甚至产生自杀念头。 行为反应：思维能力、注意力减退，动力不足、行为退缩，不上学、自伤等。 躯体反应：易疲乏，失眠或睡眠过度、体重减少或增加明显等。

从我国目前现状来看，家长和教师群体对中小学生心理障碍的主动觉知有待提升。他们对中小学生心理障碍的名称一般能够知晓，比如中

① 彭丹妮：《少年精神健康之忧》，载《中国新闻周刊》2021年12月13日总第1024期。

在南京脑科医院儿童心理卫生研究中心副主任医师张久平等人的研究中，通过回顾对2012年3月~2019年7月间住院治疗的2153名儿童青少年住院患者的情况，发现患者数量前5位的病种依次为：精神分裂症及相关谱系障碍（40.8%）、神经发育障碍及其伴发障碍（17.4%）、抑郁障碍（16.6%）、双相谱系障碍（8.1%）以及躯体形式障碍及分离性障碍3.9%。该研究同时发现，在2018和2019年，精神分裂症及相关谱系障碍所占比例出现下降，而抑郁障碍患者所占比例比过去年份高。

学教师和家长普遍知道焦虑症、抑郁症和强迫症等名词，而小学教师和家长中部分人员能够知道多动症等名称，但是这些障碍的行为表现及区分则很困难，成年人在这方面的知识停留在表层的阶段。这也是提升心理健康素养中需要重点宣讲的内容。比如案例情境六，来自家长的困惑就是他们缺少这个方面知识的反映。

3.建立科学工作框架

（1）建立校园心理监测与预警机制

第一步：组建工作团队。在目前中小学的实际工作中存在一些职责不分的情况。比如，心理教师被赋予“全职高手”的形象，似乎心理问题就应该由心理教师全权负责。于是心理教师不仅要做行政管理协调工作，还需要完成专业性的具体工作。这对很多心理教师来说不仅工作量太大，可能还会因为“管理”层面的胜任力不够导致工作价值感的降低。这种工作安排表面看是给予心理教师足够的工作信任，但却体现出缺少界限。同时在很多学校还没有专职心理教师的情况下，心理监测与预警工作由于缺乏团队管理，便成为“应付之事”“临时的事”“可做可不做的事”和“跟我没关系的事”，导致心理教师以外的人群缺乏工作动机及工作计划性。

中小学生校园心理监测与预警工作是一项基于心理教育的管理工作，是一项面向学生群体、教师群体、家长群体，甚至社会与医院的协同工作，需要学校有专门的团队进行组织协调与分工（如图十七）。在

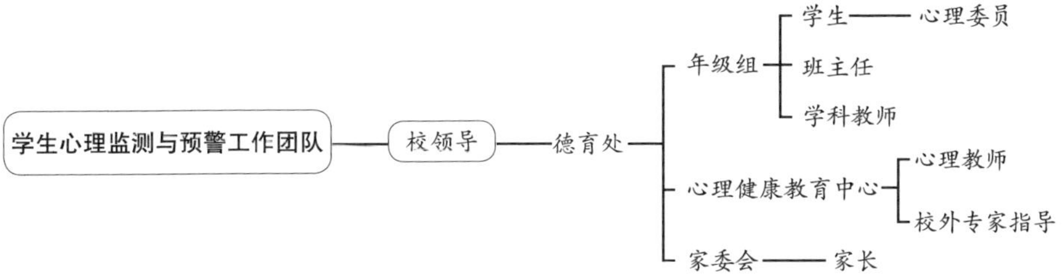

图十七　中小学心理监测与预警工作团队

校领导的带领下成立一支工作领导小组，应包括德育处或学生发展指导中心一名主任或副主任，包括各年级组代表、家委会代表、心理教师以及学生代表。如果校内心理教师专业力量不足，应聘请校外的心理专业力量参与支持。

第二步：建立动态心理档案。动态心理档案理论上应包括不同学段心理档案的动态衔接及当下学段心理健康数据的动态更新。这个理想状态受现实情况约束，因不同地区教育理念及资源不同，导致动态更新心理档案的程度不同。学段间的动态心理档案可以结合互联网开展区域研发和合作，让学生的身心成长档案在伦理要求、保密要求允许的情况下可以跟随学籍档案一同管理，便于长期跟踪学生的身心健康状态。（如图十八）

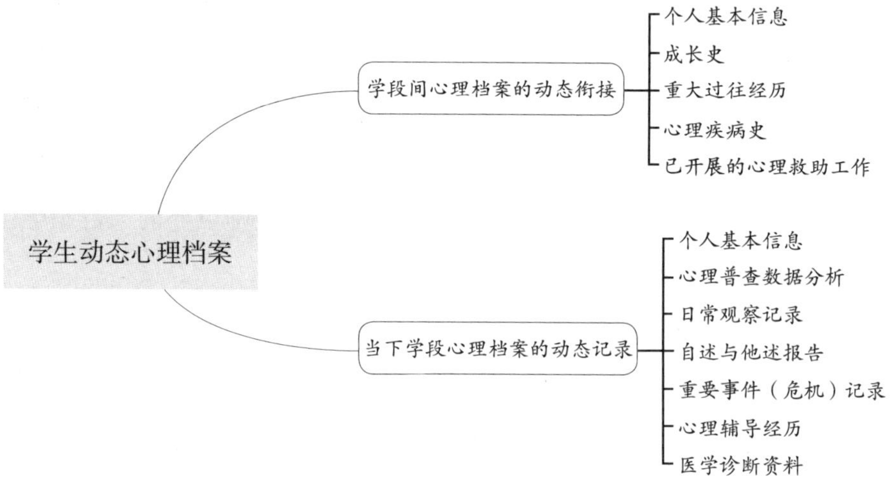

图十八　学生动态心理档案的内容

在当下学段的心理档案建立中，学校应固定时间节点比如9月完成新生心理档案的填写，了解学生基本信息、家庭信息、成长史、重要经历、身心疾病史等；同时应对新生开展心理筛查，按照伦理要求、心理测评要求、学生身心特点、心理教师的专业特长，筛选恰当的心理问卷了解学生心理状态。在当前各中小学常用的心理筛查工具有：中学生心理健康量表（MHT）、SCL-90，在基础数据的基础上，有的学校还会搭配其他测试以了解更多资料，如家庭教养方式问卷。对于小学低年级学生，有的学校会通过网络的方式为家长提供问卷，请家长在家帮助孩子一起完成学生心理档案的收集。

学校针对老生也应定期开展心理普查，了解学生心理动态，或就某个主题了解本年级学生整体水平，比如考试焦虑、人际关系等。对于小学六年级、初三年级、高三年级的毕业班学生应在最后一学期的合适时间开展毕业生心理档案的动态更新，以了解在毕业考试、升学转换的压力下学生心理异常情况是否会被激惹或共生其他心理问题。

学生心理动态档案还应包括以班主任为主建立的班级学生日常观察记录、自述与他述报告、重大事件记录，以及以心理教师为主建立的心理辅导记录、危机干预记录、医学诊断资料等。日常观察记录可以包含学生在校期间的各类表现以及学生在网络中的互动记录，比如QQ说说、动态、朋友圈等，这些鲜活的网络记录往往能够直接呈现学生最当下的情绪情感与想法，是发现学生心理问题的重要线索。自述报告是指学生主动向老师或家长报告的自我心理觉察，他述报告则是来自同学、老师、家长提供的资料，侧面反应当事学生的情绪、想法、行为问题。心理教师的心理辅导记录是了解学生、理解学生心理动态的重要档案，因为一般心理问题、严重心理问题的学生，如果帮助迟滞或者疏于心理辅导，他们都有可能演变为心理障碍或发生危机事件。

第三步：联动关注重点学生。各校应根据心理普测、心理档案等资料筛查出需要重点关注的学生，比如：在认知上存在极端偏激的想法、在情绪上有高频率的失控、在行为上有突破常规的做法等，对于具有这些特征的学生群体，要进行联动式、动态式重点监测日常表现。

校际联动。校际联动主要是学段衔接中，对于有必要了解更多资料的学生，极少数是转学的学生，在双方校领导的支持下，提供为心理教师或者班主任们交流沟通的机会，让新一阶段的老师们能够更好地了解学生，并开展更有效的教育或救助。

案例情境二十六

一位初中心理教师曾在一次交流中谈到，由于同属一个学区内，大部分A小学的学生毕业后会到D中学。两个学校心理教师在学校相关部门的协调下，在家长的知情同意下，尝试开展了一次“心理档案”动态衔接工作。小学心理教师将有明确心理异常诊断的学生，特别是有自残史等具有危机风险的学生，将他们的家庭关系、重大过往经历、成长史、心理疾病史、已开展过的心理救助工作等与初中心理教师进行了重点交流。在遵守保密等工作伦理的基础上，初中心理教师加强对这部分学生的心理监测，并及时向学校提供对这些学生更具“因材施教”“个别化”的教育建议，协助这些学生更快适应初中生活，减少由于不当刺激加重病情的情况。

家校联动。在重点关注学生的日常教育管理中，非常重要的一个环节就是加强家校联动。双方可以约定固定时间交流学生在家、在校及开展医学心理治疗的情况，将三方工作做及时交流，并能记录成为动态更新的学生心理档案。当重点关注学生出现在社会场合中的异常表现，被警察或者社区工作人员联系到学校参与教育管理，这时还要做好“校-家-医-社”四方联动的档案记录工作。

案例情境二十七

来访的是一名高三女生，高考前4个月被确诊为强迫症，表现为强迫性思维，同时有中度的焦虑症。在进行服药治疗过程中，坚持上学并遵医嘱预约了学校的心理辅导。在近4个月中，心理教师每周和学生开展一次心理辅导，每三周访谈一次家长，跟进了解学生在家里的身心表现、医学治疗的复诊情况、服药情况；心理教师和班主任每周会谈一次，了解学生在校上课情况、作业情况、人际交往情况、考试情况等。同时请班主任和家长保持每周或每两周，以及任何紧急情况的通畅沟通。“校-家-医”三方的合力中，学生的社会功能未过度受累，顺利参加高考，完成了高中的学业。

分析：在这个协同心育工作的案例中，通过个体心理辅导同步持续家校沟通的联动工作，让学生充分感受到了来自家庭和学校的支持，同时增加了彼此的信任。由于及时沟通学生的日常表现，对于理解学生心理动态提供了非常重要的资料，让医学治疗及心理辅导的协同不仅顺畅而且更有针对性。

校内联动。校内班主任间联动、心理教师与班主任联动、师生联动是学校心育工作的常态。对于重点关注学生来说，校内相关老师、师生直接的交流更有助于对学生的保护和教育。（如图十九）学校可以制定心理委员制度，让通过培训上岗的各班心理委员不仅可以成为班级心理“观察员”，还可以通过班级“晴雨表”（如表六）记录班级每周的心理动态，或者某些重点关注学生的日常动态。

表六　班级晴雨表

状态图

太阳　　阴天　　雾霾　　雨

记录表

班级	
记录时段	年　月　日——　　年　月　日
人际方面	
学习方面	
情绪方面	
班级发生的重大事件和已经开展的工作	
班级对学校心育工作的需要或建议	

备注：

①领表交表：时间—每两周的周五中午；地点—心理健康教育中心

②状态图：用涂色的方式来表征班级心理氛围

③填写要求：客观、真实、具体、保密

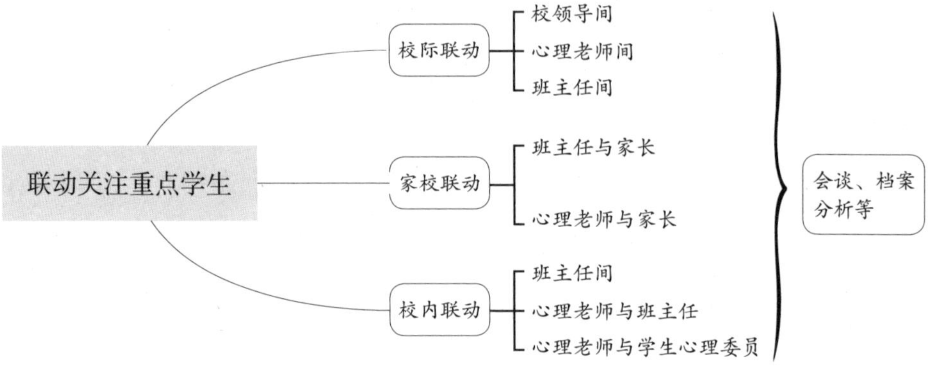

图十九　联动关注重点学生

案例情境二十八

刚带完毕业班的班主任张老师在工作经验分享中谈道："高中生的心理健康教育一定要放在首位，对于班级学生的心理问题要尽早发现，及早干预。学生心理动态记录特别能帮助我了解和支持学生的心理成长。我在高二时接手这个新班级，对于学生的高一情况不熟悉。当有孩子出现心理问题后，如果能从上一任班主任那里获得更多重要信息可以让我更了解学生。我的上一任班主任是位经验丰富的班主任，他设计了一个对重点学生记录表，按照时间顺序填写一些关键信息。于是我向他借鉴了这个做记录的方法。现在当有学生出现心理状况或者有一些好的表现，我都会习惯性地在记录表里写一点文字，这就成了学生动态的心理档案，包括：谈话记录、观察记录、与父母交流记录、重要事件记录（异常表现或较好的表现），这样便于跟踪了解他们的成长历程。"

第四步：明确预警路径。学生心理问题的识别离不开一个有效的预警路径（如图二十）。畅通的预警路径不仅可以帮助家长、老师、学生找到适合的人对觉察到的信号进行"讨论辨析"，找到更专业的人进行求证获得求助途径。学校要建立制度，以保障长期通过各种方式对学生、家长、教师发布预警通道，让他们即便不用背熟热线号码也能在需要时随时提取到。学校应建立校内预警网络，并熟知校外求助网络。

这是需要全体成员心理健康素养提升才能落实并夯实的工作。在

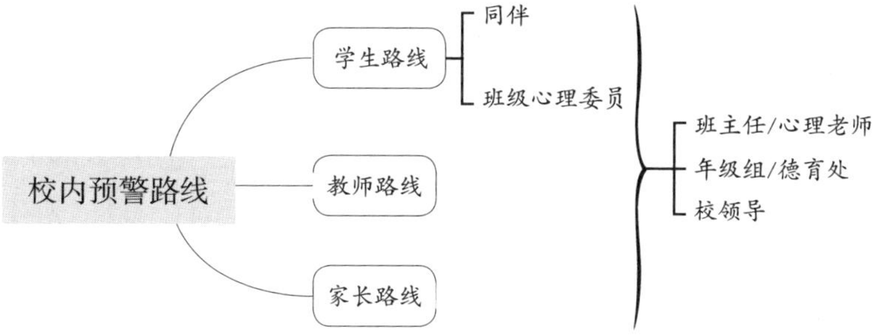

图二十　校内预警路线

实际生活中，有不少学生心理危机就是因为周围人群发现而被及时救助的，因此学校人群的预警路线不仅必要而且具有现实有效性。

学生路线。同伴是链接密切的重要人群，同桌、好友或者同学最容易观察到彼此的心理状态。另外相当一部分学校开设有专门的心理课，所以心理课代表常常被称为班级心理委员，他们是学生中的“心理专家”，对他们开展以团体辅导为方式的心理专业知识的培训，有利于在班级中增加一道来自同伴群体的预警防线。当然对于心理委员的选择也需要有一定的标准，比如心理健康素养较好，心智化程度较同龄人中等偏上的程度、有责任心、有一定的觉察能力、热情、主动关心他人、愿意为集体做事等。

案例情境二十九

六（3）班的心理委员嘉敏（化名），某天中午找到学校心理教师，跟她说：“昨天跟我们班的亦娟（化名）下午打扫卫生的时候，看到她手腕上有四道结痂的刀刻划痕，我问她怎么了？她说心里难过就会划两道。我很担心，想请老师帮助她。”

这就是学生心理委员参与到校园发现的一个情境，也是校园中的常见发现路径。注重学生心理委员制度的建立，并对他们加强一定的心理健康常识、异常心理识别的培训，有利于他们能及时地向老师报告需要关注的对象。

教师和家长路线。与中小学生联系最密切的成年人就是学校教师和家长，因此他们与中小学生有着天然的时空交集便利之处。人生经验、知识能力均使得他们可以更大限度帮助中小学生的健康成长。有能力、有意识、有途径是这一路线得以顺畅的重要支撑。学校有必要建立起一个结构固定的保障机制，从人员结构的路径来看一般为：家长-班主任-年级组/德育主任/心理教师-校领导。

案例情境三十

二（1）班晓浩（化名）的母亲跟班主任沟通，表示孩子这两周明显的不对劲，很担心，想请老师指点一下。原来一个月前，晓浩的奶奶带他去游乐场玩，在回家的路上目睹了一场车祸，再加上受了点凉，当天半夜做梦惊叫发起烧来，看病吃药二周后受凉感冒症状都好了，但是家人发现他会做怪异表情，眨眼睛，喉咙会发出“赫赫”的声音，一开始以为孩子故意的，后来发现他是无意的，而且频率不断增加。班主任觉得自己也不太懂，就询问了同办公室的年级组长，年级组长让她跟心理教师联系。心理教师建议家长尽快带孩子去医院看看心理科。三天后母亲跟班主任反馈，医生诊断为儿童抽动症，正在进行医学治疗中，同时医生建议心理辅导。

分析：该案例让我们看到了家校协同下的校内预警路线对心理异常学生及时转介的支持。校园预警路线在不少学校已形成工作制度，但是对于缺少育儿经验的父母、缺少班主任教育工作经验的年轻教师群体，还是需要进行宣传和指导，包括提供给他们具体地方转介信息（如表七）等指导。

表七　部分公益心理咨询及危机干预热线

名称	电话号码	服务时段
全国青少年维权和心理咨询服务热线	区号−12355	每天24小时
清华大学心理学系联合北京幸福公益基金会青少年心理专线	4000−100−525	10:00−22:00
南京市陶老师工作站（心理咨询/危机干预）	025−96111	每天24小时
江苏省心理危机干预热线	025−83712977	每天24小时
江苏省妇联家长热线	025−58255820	每天20:00—23:00

（2）拓展宣教格局

创建多领域宣传平台。在互联网被广泛应用的时代，学校应充分利用互联网开展多渠道宣传，可以在传统宣传方式上进行创新，让更多中小学生、家长和老师能常常看到心理健康教育的知识及求助途径。同时宣传平台需要多样化，要能满足不同人群的需要。在面向家长的宣讲中可以充分发挥家长QQ群、学校官微、家长学校等平台进行心理宣讲。比如有的学校心理健康教育中心每月会定期制作一份电子卡片，通过班级QQ群的方式发送给家长（如图二十一）。这张卡片上不仅包含某个主题的家庭教育策略，同时每次都会重复标注出校内外心理援助途径。家长曾告诉心理教师，如果需要查找电话，在QQ群里总能很快找到。在对学生的宣讲中，心理教师可以常常利用“心理海报进班级”“心理委员常分享”“心理班会总提及”“心理课堂讲明白”等方式，让学生们提升心理健康意识，学会自我觉察，学会自助、求助或帮助他人。面向学校老师的宣讲平台包括教工大会、党员学习平台、班主任培训会、青年教师入职培训等，由此开展面向不同人群的宣讲。

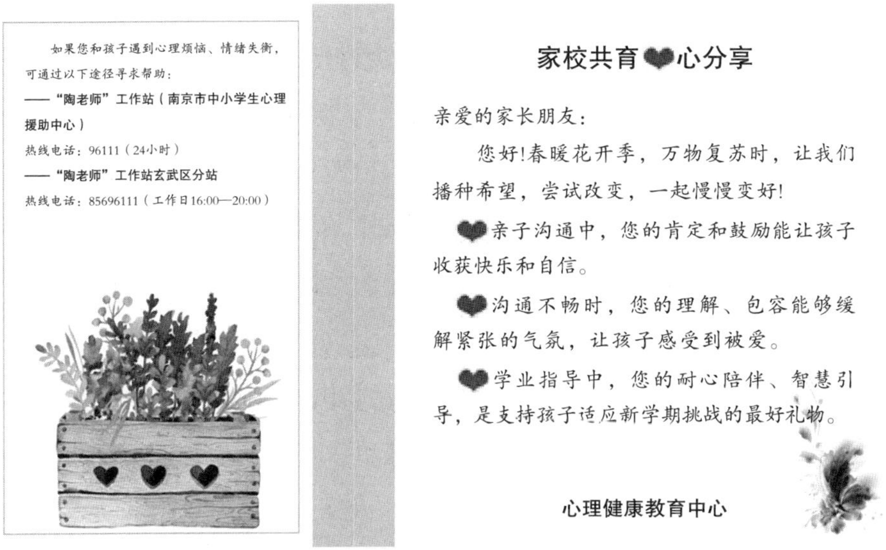

图二十一　心理宣讲卡片

案例情境三十一

某区域未成年人公益心理援助中心曾接到一位小学一年级家长的求助热线。电话中家长谈到幸好学校通过短信发送过区域的热线电话，同时自己也按照短信要求保存了这条短信。短信中有一句非常重要的提醒：“请您保存此条短信，在有需要时可以随时提取”。因此，当孩子出现入学适应的一些困难时，这位家长就想到了可以打电话问问心理教师。当找到可以商量的、能给予支持的心理教师后，家长表示安心了许多。

构建多维度宣教内容。心理宣教的内容应满足不同需求才能获得传播的价值。

大多数家长常常都会“事不关己高高挂起”，都不太会主动提前预想如果自家孩子有心理异常了怎么办。因此如果宣传内容过于“心理异常标签化”，容易使大部分家长屏蔽宣讲内容。构建多维度宣教内容需要兼顾宣教内容的创新性和可读性，要能满足绝大多数家长最基本的家庭教育策略学习需求，同时还能从通识内容中逐渐学习到一些心理健康的专业知识，从而达到宣教目的。

有一部分存在情绪或行为问题的孩子家长或者老师，由于认知误区，他们会将儿童青少年的“心理健康问题”理解为道德问题、行为习惯问题、意志薄弱问题。或者有的家长会过于反思内疚于自身的教育失职、教养不力等。面对这部分家长、老师，除了进行心理健康知识的普及外，还要教会家长、老师理解孩子的心理行为，学会识别异常心理，学会用适当的方式教育孩子，并在认知上要笃定地知道不能轻易认定“孩子是个问题小孩”，而是真切认识到“孩子只是遇到了某个方面的心理问题”，需要帮助。

对于有“病耻感”，受到“心理问题污名化”影响较深的家长和师生，要加强对“心理疾病”“心理治疗”等知识的科普，提升他们的科学认识水平，降低对“心理问题”的恐惧，给予学生及家人心理康复的信心。

提升深层次宣教能力。学校应充分利用校内外资源开展深层次宣教。一方面要开展专业培训或提供专业学习平台，让心理教师团队在工作中更具胜任力。过往关于心理辅导的培训中，我们通常被强调要尊重来访者意愿，心理辅导应以来访者主动愿意来访为主来开展工作。但是在中小学的实际工作中，我们常常会发现有一种现象是：我们通过筛查找到了需要辅导或转介的学生，或是有的家长、老师会把学生带到辅导室。在这种情况下，中小学老师如何开展“主动访谈”成为工作需要。在陈宇燕的研究中谈到结构化的心理访谈能提高心理普测的有效性和科学性，并提炼出了心理访谈的“四步工作法”，包括“主动邀约”“开场接待”“核心对话”“后续处理”四个环节。[①]

另一方面要提升对学科教师，特别是班主任教师的心理培训，以提升老师们的“识别能力”。比如可以开展“深度辅导”的能力培训，让一线教师在不用具备专业心理辅导能力的前提下，学会深度谈话的技巧。近年来，深度辅导在大学辅导员的教育工作中广泛应用，它是辅导者通过被辅导者外在的言行，运用科学的方法、技巧走进其内心，深度理解其价值观和信念的一种谈话方法。这是一种易于发现学生心理问题的重要方法。比如起始年级班主任在与新生进行第一次谈话交流时，老师可以先了解学生的基本情况，如以前的学校生活、喜欢的学科、喜欢的老师以及兴趣爱好等，然后关切地了解学生入学以来的学习生活感受、交朋友情况、听课情况、睡眠、饮食以及对未来的打算等情况。当由浅入深的谈话关系获得学生信任，从学生的回答中，班主任是可以初步了解其生活经历、性格特点、社交情况、与父母的关系及价值观等。很多潜在的心理问题往往就会在谈话的过程中呈现出来，成为班主任评估与识别学生心理状态的线索。

① 陈宇燕：《心理访谈“四步工作法”的构建与思考，载《中小学心理健康教育》第2019年第9期（总第392期）。

二、中小学生心理异常的校园评估

评估是一种判断，也具有预测的功能，一般来说评估包括目的、对象、评估人、评估标准、评估流程和方法等要素。各行各业都具有自己的评估标准，中小学生心理异常的校园评估，主要是指师生和家长在家庭生活和学校生活中，通过日常观察、经验常识和心理测验数据等方法手段，初步筛选出重要对象人群，再由学校专兼职心理教师等专业人员以中小学生心理健康及其他相关标准开展针对性的、科学性的评估活动，其目的是了解学生当下的心理状态，协助给予最恰当的救助，促进心理健康发展。

心理评估整体上与健康评估更为接近，需要把客观性评估和主观性评估相结合，只有这样才会有更为精准的评估结果。中小学校中的这项评估工作，目前尚未有完善的制度和体系，很大程度上依赖于相关人群是否具有主动意识，是否具有心理健康的基本常识，尤其需要相关人群知晓心理异常的常见表现等。

（一）特点与现状

1.校园心理评估需要专业受训背景

心理评估是运用心理技术对人的心理特质和行为表现进行评估，将所获得信息加以整理，对评估对象形成一个评价、建议或分类诊断，其实这是一个决策过程。[①]通过心理评估基本明确学生心理问题的类型、产生的原因以及严重程度。由此可见，心理异常的评估不能单凭经验开展，是一项非常科学的工作，在学校环境中，需要由有过心理评估相关受训背景的专兼职心理教师担任这项工作，完成包括科学的资料搜集、严格的资料整理、遵守伦理的反馈报告等。因此这对中小学的心理教育提出了更高的专业性要求。

① 刘世宏、高湘萍、徐欣颖：《心理评估与诊断》，上海教育出版社2017年版。

案例情境三十二

某初中心理辅导中心，增加了一套心理测评系统，提供心理测评系统的公司人员对心理教师进行了软件使用的培训，并把密匙U盾交给心理教师保管。学校教信息技术课的李老师陪同在旁很感兴趣。第二天中午李老师来找心理教师，说想把所教初二男生晓华（化名）带到心理辅导中心进行心理测试。心理教师了解到晓华上信息技术课的时候与旁边的同学多次讲话，不遵守课堂纪律，李老师批评了他，但是晓华说是别人先跟他讲话……在课堂中与李老师言语冲突起来，李老师觉得这个孩子太倔强而且情绪失控，又知道学校购买了心理测评系统，就想带该生测试一下有没有心理问题。心理教师拒绝了李老师要给晓华进行心理测试的要求，而且跟李老师进行了一次关于青春期学生情绪特点和沟通策略的相关知识的分享。

分析：心理测量量表是专业性评估工具，不能滥用。需要有接受过专业培训的专业人员在需要的前提下使用。针对不同的情况、不同的目的和需求进行量表的选择，施测人员还需要精心准备测前指导语、知情同意书等工作，并且充分准备好应对施测过程中可能出现的多种情况，测试后的反馈也是很重要的工作内容。

2.校园心理评估是一项系统工作

中小学生心理异常的校园评估是一项综合、系统的工作。学生心理问题的发生往往不是单一因素造成的结果，而是心理、生物及社会三种因素交互影响的结果。因而每一项心理评估结论的提出，都要基于大量的校内外动态观察数据，科学有效的问卷筛查结果，对家庭、老师与学生等重要他人及当事人学生的心理访谈资料进行综合评定。心理评估是一个需要“校–家–医”协作的过程，是一个多项数据的整合过程，是一个学校多部门合作的过程，是一个人际互动资料与专业知识碰撞的过程，环节多，牵扯人员多，这对中小学的心理教育提出了更高的组织协调要求。

3.校园心理评估需要遵守伦理要求

心理评估有别于医学心理诊断，学校心理教师不具备医学心理诊断的资质，不可越界。在校园心理异常的评估与工作诊断中，学校老师只能初步评估学生有心理异常的可能性，但不能明确给出“某类心理障碍”的具体结论。心理诊断的工作只能由心理医生开展。但在日常生活中，老师、家长甚至一些同学会凭借一些所谓的理由，直接给某个孩子扣上一定心理障碍的帽子。

案例情境三十三

一位新手班主任刚接任五年级某班，一天突然带着一个学生来学校心理辅导室，当着学生的面和心理教师说：“我认为这个学生有‘多动症’，他太不听话，总爱打架，今天又闯祸了，您帮我和他聊一聊。”虽然老师言之凿凿，看起来有理有据，但如此片面的“诊断”与毫不顾忌学生心理的“当面反馈”其实已经给当事学生带来了困扰与伤害。因为在后来的心理辅导中得知，该学生因为这学期老被同学喊“多动症”才有了与大家更多的冲突。

分析：“我认为”在平时的生活中大家都不时可以听到，这是主观性表达的常用开头句式，带有个人人生经验和主观判断的浓厚色彩。在面对中小学生心理异常的校园评估中，我们常常要面对这种困难：简单的主观臆断，或者借用病症名称进行观点表达。就像校园中有时候听到学生带有戏谑口吻地说“我觉得你有病，你应该去找心理教师治治病。”这是把心理需求与心理疾病混淆、界限不清的常见现象。当然这种简单臆断，很明显是违背了诊断的专业性伦理。

心理评估中的伦理要求还表现在整个动态评估过程中，包括资料的搜集过程、心理量表的施测过程、测评结果的反馈过程、心理访谈过程及评估报告的反馈过程等，都需要心理教师和其他参与教师做到严格保密，或在有必要时做到向其监护人开展科学的保密例外或有效反馈。

（二）工作的前提条件

1.熟知心理问题严重程度的诊断标准

在学校心理辅导中，心理教师应明确工作对象才能有效帮助到学生健康成长。区分工作对象从熟知心理问题严重程度的标准开始。通过学习实践，学校心理教师通常能有效面对一般心理问题，甚至严重心理问题。但在面对可疑神经症性问题时可能就开始感到非常具有挑战，同时会开始怀疑来访学生的心理严重程度会不会是异常，是否需要转介？确诊抑郁症回校的学生在校学习期间是否要做心理辅导？

国家劳动和社会保障部从2001—2017年间对心理咨询师进行过职业资格认证，虽然随着时代的发展，对心理咨询师的资格认证提出了更专业化的要求，已经取消了该项认证，但是在其认证的专业培训中，对心理异常的梳理至今仍然可以帮助我们较为清晰的学习相关知识。

一般来说心理异常主要包括三类，分别是神经症、人格障碍以及精神疾病。发展性心理辅导在精神疾病发病期的干预不适用、在人格障碍的干预中效果不明显，对于神经症的干预是有显著效果的。学校心理教师在遵医嘱的情况下，可以对神经症开展辅助性心理辅导。因此心理教师应熟知心理问题严重程度的诊断标准，这样一方面能够在学生心理问题还处于初期阶段就能得到预防干预，帮助他们尽快摆脱心理困扰，防患于未然，另一方面也能更及时帮助心理异常学生得到更加专业的治疗。

2.规范心理测量行为

心理测量是学校进行心理问题筛查常用的手段。但在现实情况中，有些学校因为缺少专职心理教师和专业培训，而存在着滥用、乱用、甚至违背伦理使用心理测量的现象。如何选择测量工具，如何施测及如何报告测量结果都有严格的规范要求。2015年中国心理学会心理测量专委会发表了《心理测验管理条例》以及《心理测验工作者职业道德规范》，作为学校心理教师可以主动学习相关测量要求并在工作中严格遵守。

不能随便使用自编量表进行评估。首先自编问卷在没有信效度检验的基础上不能用来评价学生的心理健康状态。甚至有的教师不顾学生年龄特点在问卷中直接表述一些有关“自杀”“死亡”“性”等方面的题目，这不仅可能会超出他们的理解范围，还可能因为参与测量获得过于负性的、冲突的和暗示性的心理体验与认知。

注意心理测量表的使用范围。使用范围表现在三个方面，一是年龄范围。例如《症状自评量表SCL-90》，它的施测对象是16岁以上的人群。如果初中学校用此量表进行普测，这是不合适的。心理健康诊断测验（MHT）适用对象都是小学四年级到高中三年级学生。抑郁自评量表（SDS）主要适用于具有抑郁症状的成年人。第二是测评对象范围。大部分自陈量表是当事学生自评完成，但是对于低年级小学生心理评估量表往往是由家长或教师完成的他评问卷。比如小学生心理健康评定量表（MHRSP）是由教师结合日常观察进行评定的。第三是测评人数范围。有的问卷在心理辅导中用于一对一评估更适用，比如贝克自杀量表，用来评估已经呈现有自杀倾向学生的自杀风险程度，这样的量表就不适合用于普测，更不适合大面积使用。

（三）建立工作框架

1.建立协同工作机制

第一步：确定工作团队。首先应建立以心理教师为核心的“校-家-医协同”心育工作团队（如图二十二）。心理教师站在科学评估的角度链接起需要参与合作的人群，比如提出评估前还需要哪些人员提供哪些资料，评估过程中是否需要更专业人员给予协助，以及在给出评估报告后应向谁反馈并制定后续干预方案等。

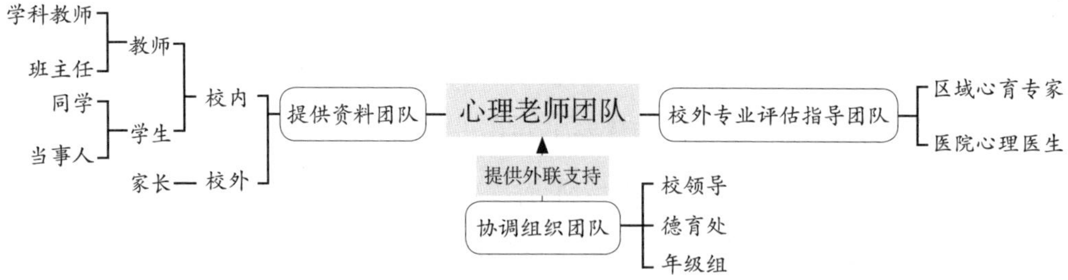

图二十二　心理异常校园评估团队

第二步：制定工作规范。规范既是一种标准，也是顺利开展工作的保障。它既具有管理的内涵，也有具体操作流程的指导。目前中小学生心理异常的校园评估工作整体上处于零散工作状态，需要在心理评估的多个环节上制定相关规范，比如心理测评工作规范、心理访谈工作规范、班级观察工作规范等，要明确工作评估流程的伦理要求。心理咨询人员需要遵守的伦理，在专业胜任力培训中会反复强调，伦理既是行为准则，也是行业内的规范，具有管理作用。但是学校人群中学生、班主任教师或者家长，他们缺少心理专业伦理的意识和培训，在专业性的评估工作中就会出现因无知而违背伦理规范的事情，这既是我们目前的困境，也是宣教中需要重点开展的部分。

比如中国心理学会临床心理学注册工作委员会，对于大中小学校内的心理辅导工作就以发布《心理辅导室标准化文件》提供给大家参考使用的方式，把规范做到实处。2021年9月和2022年9月先后颁布了《高校心理咨询中心规范性文件》和《全国中学心理辅导室标准化文件》，其中十个中学心理辅导室相关的标准化文件分别为《中学心理辅导室温馨提示》《中学生心理辅导预约卡》《中学生心理辅导登记表》《中学生首次心理辅导记录表》《中学生心理辅导记录表》《中学生转介建议书》《中学生危机干预记录表》《中学生安全计划书（家长用、学生用）》《中学生心理危机干预工作指南》《中学心理辅导教师工作守则》，2023年还将出台小学心理辅导室标准化系列文件供小学参考使用。这极大程度地对学校心理辅导工作进行了专业规范。

中小学校的心理辅导中心可以充分利用这些专业规范性文件的指导，结合本地区、本校的实际情况，对不同心理状态的学生进行分层健康促进与救治，既坚守基本准则，又发挥学校特色。如表八“学校首次心理辅导记录表（中学）”中，明确标注了需要填写“已有评估或诊断”（心理测量、医院诊断等）及心理教师的“评估”等信息，这些都是落实规范的评估工作。

表八　学校首次心理辅导记录表（中学）

中国心理学会临床注册工作委员会制

姓名：________ 性别：________ 班级：________ 辅导方式：________

辅导时间：____年___月___日___时___分 辅导时长____（分钟） 辅导教师：___

主诉：

现状（来访者心理与行为状态：包括身体、认知、情绪和行为、人际关系等）：

已有评估或诊断（心理测量、医院诊断等）

评估（心理与精神障碍症状评估、危险性评估）

问题归类：可多选（在后面空格中打√）

人际困扰		情绪问题		自我认识		行为问题	
学业问题		家庭问题		适应问题		危机问题	
升学择业		青春期烦恼		其他			

辅导要点（求助原因／核心问题；问题对生活、学习、工作的影响；辅导期待、目标；辅导过程要点）

下一步辅导意见（在相应选项后打√）：

继续辅导□ 协商结案□ 终止辅导□ 启动危机干预□ 转介□	预约下次辅导时间：____________________ 说明：____________________说明：____________ 转介至：____________________

需要与班主任和家长联合帮助□

本次辅导是否录音：有□　无□　是否录像：有□　无□

其他说明：

第三步：明确评估流程。评估流程可以从评估前的准备、评估中的要点、评估后的工作来进行阐述。（如图二十三所示）

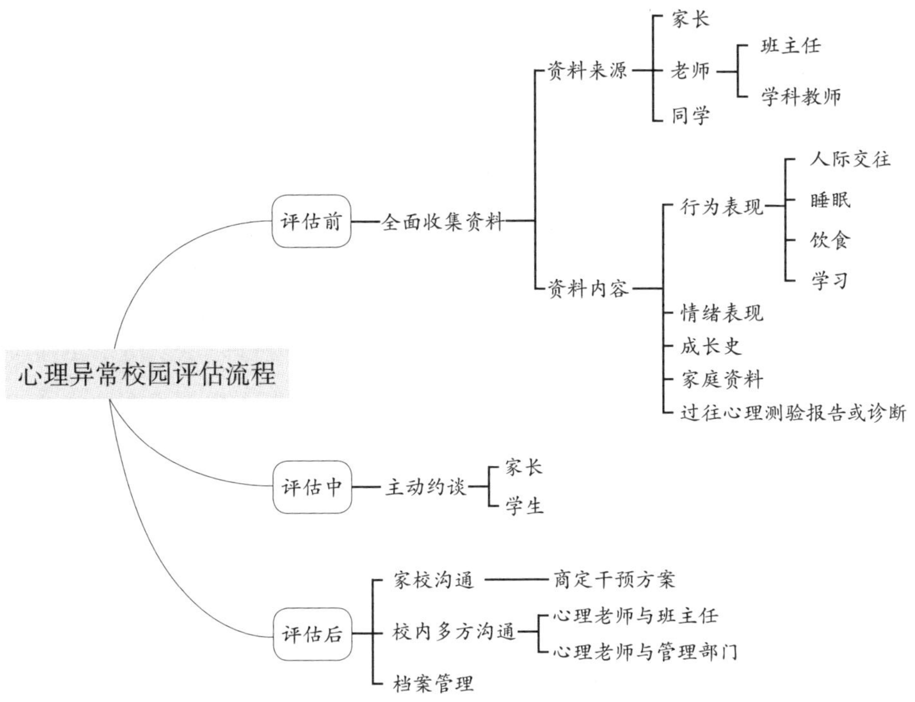

图二十三　心理异常校园评估流程

评估前的准备： 心理教师通过心理普查、他人报告及主动报告等方式获得了需要进一步评估的学生后，要着手从多渠道获取来访者更全面的信息，其中家长、老师、朋友及同学等都是采集信息的重要对象。

评估中的要点： 对来访学生的正式评估会有以下两种情况要应对。

心理教师未能和学生面谈。基于各方面资料，心理教师初步评估学生有心理异常的可能性，但是家长并不希望通过心理教师访谈学生，担心孩子会在学校得到不好的评价。面对这种情况，心理教师或者班主任要主动访谈家长，让家长了解学校对学生心理问题进行的初步评估结果，从心理教育的层面告知家长要关注孩子的心理健康，并学会在家观察和知悉其他心理评估的正确途径，比如区域教育部门公益心理辅导机构或心理医生。

心理教师能与学生心理面谈。这个谈话可能是学生主动参与的，也可能是心理教师主动访谈的。在评估过程中，被动来访的学生，可能存在病耻感、心理问题不自知、不信任心理教师等各种情况，心理教师应掌握主动访谈的谈话流程与技巧，从关心学生成长、尊重学生意愿的角度完成评估工作。

评估后的工作：通过心理评估，心理教师根据学生心理问题的严重程度开展后续干预工作。如果学生心理问题需要家庭参与或需要转介，基于对未成年人的保护，需要通过与家长沟通得到监护人同意后才能开展。但与家长沟通的工作可以视学生的心理需求进行商定。有的学生非常主动提出可以自行与家长沟通，并愿意主动就医诊断，或者愿意主动联系家长参与心理教师的访谈。有的学生因为亲子关系不佳、自身力量不足或年龄较小认知不足等情况，不愿意或者无法和家长谈及此事，这时就需要心理教师开展好家校沟通工作。

一般来说对于疑似神经症及更严重的心理障碍的学校心理工作评估，应建议家长带学生到医院就诊以明确心理问题的类型。对于一般心理问题和严重心理问题应建议家长主动参与孩子的心理辅导，并调整家庭教育策略。最后心理教师要将评估工作的所有档案进行整理归档。

案例情境三十四

高一女生圆圆（化名）在心理档案上自己写道："在初三时我有过自伤行为并被医院诊断为抑郁症（轻度）。当下最困扰的问题是妈妈一直以我有'抑郁症'为耻，我感到非常痛苦。"

随后心理教师主动访谈班主任了解该名女生入学半个月来的班级表现，班主任反馈说他也留意到该生，因为在入学第一天自我介绍时圆圆就谈及"只要好好活着就行"的期待。于是班主任增加了对该生日常的生活观察，但没有主动询问并打扰学生的日常生活。班主任认为当下学生入学适应正常，上课专注度不错，在人际交往中也表现出乐观开朗的状态，尚未呈现明显的知情行不一致。

心理教师主动访谈学生进一步了解情况，主要就病史、与妈妈的关系、当下的适应情况等进行资料搜集。圆圆乐意参与这次访谈，并在交谈中不回避自己的抑郁症病史，主动报告自己的治疗情况，谈到暑假期间已经停药并在校外开展了近两个月心理咨询。虽然妈妈有“病耻感”，但是自己能理解妈妈，日常和妈妈关系还可以。对于自伤行为，圆圆表示已经有几个月未发生了。自认当下的新环境适应良好。

在进一步的沟通中，心理教师认为圆圆当下的状态没有新环境适应的过激反应，且有校外心理咨询的支持，她的状态较为稳定。因此与她谈论了如果出现情绪波动可以求助的途径，并鼓励她继续接受心理咨询。

2.加强教师的专业化培训

注重中小学班主任心理教育能力的提升。班主任是对班级学生在校园生活中开展直接教育行为较多的人。在收集更多资料以评估学生心理问题的过程中，班主任最能提供丰富、鲜活的动态资料，因而学校应注重培养班主任的心理教育能力，这不仅能促进教育效能，同时能预防学生心理问题的发生或更好应对学生已经生成的心理问题。在通识培训的基础上，可以开展更多专题学习，例如深度谈话技巧、生活观察方法等，进而让班主任不仅能和学生建立更加信任的师生关系，还能通过良性互动更全面的了解学生。

生活观察法，是心理学研究中常常使用的方法，就是在学校生活中观察学生的学习状态、人际交往情况及活动参与的主动性与积极性等多方面情况，这些只是需要班主任教师们具有一定的意识，而不是需要时刻处于观察收集信息的高警觉状态。班主任需要学习更加科学的观察方法来收集评估资料，比如，一个疑似多动症的小学生，班主任不可能随时随地跟随观察，那么如何设计观察时间和观察内容呢？可参考表九“学生行为课堂观察记录表”，进行观察记录。一般来说可以通过时间采样和行为抽样的方式获得具有代表性的样本资料。例如以观察数学课上的行为表现为目标，可以设置上午与下午的不同观察时间，评估多动行为在时间上是否有差异；或是以观察“上课走动”行为为目标，记录在不同课程中的表现。同时还可以进行多维度的数据记录，例如时长、频率、程度、影响他人情况等。

表九 学生行为课堂观察记录表

________学校学生课堂行为观察记录

班级：________ 学生姓名：________ 地点：________ 观察者：________

日期：____年___日___ 具体观察时间 ____时___分到____时___分

科目：________ 上课教师：________

观察的目标行为________________________

次数	行为持续时长	有无诱发因素	行为结束原因	备注
第一次	16秒	无	被老师提醒	
第二次	9秒	有：旁边的同学不小心推了他一下	他故意推了旁边的同学两下，同学没有理他	
第三次				
第四次				
第五次				
……				

重视对心理教师心理评估能力的提升。学校心理教师对心理异常学生的评估工作是一项专业性与实践性相结合的工作。在当下专职心理教师不足或呈现年轻化的现实情况下，需要学校积极利用区域心理教育的力量，一方面支持心理教师多参加通识学习、专业心理辅导技能培训、危机干预培训和心理测量等专题学习；另一方面可以开展师徒结对工作，让年轻的心理教师能及时得到有经验教师的工作指导。鉴于每校一般只有一名专职心理教师的现实，可以考虑校内拜师与区域内跨校拜师结对相结合，这样最大限度地帮助青年教师快速适应工

作需要，提升专业水平。基于心理专业工作的特点，有条件的学校可以为心理教师聘请督导师，让心理教师的实践工作可以在更具专业性的一对一、一对多的个体督导或者团体督导中获得发展。例如可以聘请具有督导师资格，长期从事中小学生心理治疗的心理医生直接参与到中小学心理教师的个体督导中，加强医教结合，助力学校心理教师更好的评估学生心理问题。

在此项协同工作中，学校、区域心理教研需要密切联系，以心理教研为抓手，可以更为专业、顺畅的开展心理教师专业能力的培养。区域心理教研除了开展对心理课程的课堂研究，还应包括对心理辅导能力、学校心理协同工作方法等多方面的培育。

3.推进对学生家长的宣教与心理支持

在心理评估环节，家长们的知情同意、配合访谈都至关重要。此刻的沟通、宣教工作多是一对一的形式，对象和目标更为聚焦。

案例情境三十五（其一）

班主任约了初二男生振亚（化名）的家长，在学校心理辅导室沟通。原定下午3点见面，但是母亲未到，中途班主任打了几个电话都没有联系上母亲，临近4点钟母亲才来，解释说路上堵车。心理教师把振亚的情况以及转介医院进行诊断的建议跟母亲表述后，母亲沉默了近一分钟，然后说道：“他还能来上学吗？”

有些家长得知孩子有心理异常的可能性而被老师访谈，内心是焦虑不安的，一方面担心被学校老师批评指责家庭教育不当，另一方面担心孩子会因心理问题被要求居家休养而不能到校上课。他们内心对被学校访谈充满“恐惧”。在这份恐惧中，有的家长会在老师面前不说真话，选择性回答。也有些家长因为以前的一些问题，会对学校教育和处理方法不满意，此时也会愤怒并指责学校教育有不当之处。

有些家长的表现则非常“淡定”，因为他们其实早已知道孩子的这些异常表现，要么忽略不管，要么因为不知如何管教已经彻底失去了信心。在这份淡定中，有的家长会看起来配合，却不愿意认同，或者在老师这里无助痛哭。

案例情境三十五（其二）

心理教师对母亲的担心和忐忑进行同感支持后，接着开展了协同心育工作的宣传教育。心理教师说道："到医院进行专业诊断与是否可以来上学是两回事。如果医生觉得没有达到异常诊断的标准，那么学校会联合家庭，进一步对其开展针对性的心理辅导；如果诊断心理异常会提供适当的治疗，这时孩子可以遵医嘱一边治疗一边学习，学校也会给予重点关注，并跟家长您保持信息通畅；如果医生觉得目前他的病情难以承担学习的任务，也会开出休息的假条，就像感冒一样，如果头疼很厉害甚至发烧了就会在家休息几天再来上学。因此是否能继续上学需要结合医院的诊断、孩子的具体情况综合考虑。"

根据不同家长的心理反应，心理教师或班主任都要能积极应对，一方面给予家长情感上的同感理解，并让家长充分理解本次访谈的目的是帮助学生健康成长，另一方面让家长减少对"心理评估"的误解，能够坦诚面对孩子成长中的困难并积极运用科学方法解决问题。

三、案例示范与分析

本章聚焦在心理异常中小学生的发现与评估环节，前两节以介绍工作流程和针对性案例理解的方式开展了叙述，本节将以学生抑郁症的校园发现、评估与转介、康复支持的全部环节的协同为例[①]，呈现出一个完整的中学生"校-家-医协同"心理辅导的工作案例，既有利于了解各个不同的部分与环节，又能从工作的整体系统上有所把握。

① 张燕：《中学生抑郁障碍的"医教协同"干预策略探究——以一例高中生抑郁症的干预工作为例》，载《江苏教育》2022年第40期。

（一）案例简述

本案例基于家长、教师及学生对情绪障碍在病情识别与科学治病中的认知盲区，结合一例高中生抑郁症的校园发现与评估、转介与康复支持等工作，呈现中学心理教师的“医教协同”意识在整个过程中的积极体现，反思家校合作中、医教协同中的积极做法。从保密伦理的角度，我们对个案进行了个别化和特殊信息的删除，并结合校园常见同类型案例的情况，进行了整合，看起来是一个学生，其实是这一类学生群雕像的反映，以此既保护了个案的隐私权，遵守了心理专业的伦理，也能够让大家从工作中开展学习。

从本章节角度看此案例，学生心理异常的校园发现与评估是协助学生能得到科学救助的关键。在班主任的观察报告后，心理教师通过主动访谈班主任、家长和学生进行全面的资料搜集，随后进行了初步的校园评估。在评估中，重视真诚交流、尊重接纳，基于资料整合给予家长、学生专业建议，促成父母降低病耻感，积极面对学生的心理状态。在评估后，心理教师注意尊重学生、家长的意愿，在坦诚沟通中协商进一步干预的策略，在协同工作中推进“校–家–医协同”，最终促成了对学生的科学救治。

（二）工作流程

1.学生情绪障碍的发现与沟通

（1）学生四处求助，班主任推荐其开展学校心理辅导

“张老师，您能和孩子聊一聊吗？我们都没有办法了，她非要换班，一定要到最喜欢的老师的班级，我们好几个老师怎么都说服不了她。小姑娘还要死要活地威胁爸妈说，不同意就不来学校了。”这是小高的班主任找到学校心理教师时非常焦急地说的第一番话。进一步了解后，得知小高经过选科刚上高二一个月后，便提出要换班，希望能到年级里自己喜欢的老师的班级。

面对孩子的“我要换班”的呐喊，家长与孩子沟通失败后，便期

待老师能说服孩子不要换班。敏锐的班主任通过沟通感受到了学生情绪的不稳定，想法的偏执单一，便决定寻找学校心理教师参与了解和帮助孩子。

（2）与家长沟通，了解更多资料

经过班主任的协调，家长应邀来到学校心理辅导室。在与家长的沟通中，主要了解到小高从小在“夸赞”声中长大，小学初中时成绩较好，外形气质出众，是老师同学眼中的小“明星”，是爸爸在亲朋好友面前常常会骄傲炫耀的“漂亮懂事乖巧”的女儿。但是到了高中后，小高出现了学业上的不适应，同学关系中也不如初中受宠，适应期的各种不如意被妈妈理解为不够努力、叛逆和太矫情，因而常常被批评。

在与父母沟通的过程中，心理教师基本了解到了小高的成长史及家庭教养方式。小高就像是一个没有经历过挫折的、在各种好评中长大的小公主，但进入高中后遭遇到了学业、人际等挫折体验，不过这份挫折体验带来的负面情绪和负面认知并未得到真正的理解和帮助。当小高建立在“外在评价”中的自我价值不能继续维系时，她开始用强烈的“换班行为”来获取“我很优秀，我应该在自己喜欢的老师的班级里，这样也能被老师喜欢和欣赏”的外在光环。但是这个不被大人理解的换班行为被爸爸妈妈当成了“青春期叛逆”来应对，被以道德评价、行为规范、礼貌礼仪等规则来约束。于是心理教师通过与父母沟通，提出想访谈小高一次的想法。父母表示孩子半年前就提出要去医院见心理医生，但是他们当时没有同意，因此孩子会愿意来见心理教师的。

2.学生情绪障碍的评估与转介

（1）评估当事人的心理状态

小高如约来到心理辅导室。身材高挑的她，带着甜甜的笑容、礼貌的问候走进辅导室，这个不禁让人会喜欢的小高与老师、父母眼中那个“要死要活”“哭着闹着”的形象大相径庭。言谈中小高总会扬起一张笑脸，哪怕在讲述难过的事情。当心理教师告诉她，“你的笑容很甜很美，却又让人特别心疼”时，小高开始痛哭流涕。她说自己查了很多网上资料，感觉自己得了“阳光抑郁症”，身边的老师朋友包括爸爸妈妈都觉得自己很阳光开朗，喜欢跳舞，喜欢笑，待人友善，但是其实自己进入高中后内心常常非常痛苦，从来都不敢在他们面前表现出来。小高说自己已经有半年的失眠了，每天都是强撑着来学校上学，经常因为迟到跟老师请假；她说自己非常想提高学习成绩，一直都在非常努力地听课、写作业，有时还会熬夜，但是总是不能专注，计划也不能长期坚持执行；现在就想换一个班级，换一个环境，想在一个大家都不熟悉的新班级里，重新开始。半年前就感觉自己很痛苦想要看心理医生，但是父母不同意。他们一直在努力的疏导，但是自己根本不想听他们讲道理。

在小高的描述中，心理教师觉察到小高的自我评价低、睡眠差、食欲减低，这种不良状态持续了半年之久。

在情绪方面，她常常心烦、心情压抑，开始变得敏感多心，并容易发脾气，经常无端抱怨父母、指责同学等；

在思维方面，出现不自主的发呆、走神、记忆力减退、思维迟缓等问题；

在行为方面，出现厌学，不愿意到学校，减少社交、疏远父母等。

通过初步评估，鉴于其自知力较好，愿意主动接受治疗，心理教师建议小高尽快到医院进行心理诊断。并与小高讨论如何与父母沟通，获得父母支持能尽快就诊。小高愿意自行沟通，并也期待心理教师能主动和父母表达这个要求。

（2）着手向医院转介进行医学诊断

心理教师主动联系小高父母，告知其初步评估中的情况，并通过心理教育，让父母意识到小高目前的状态：①情绪非常痛苦是事实；②小高的挫折经历没有得到理解和支持，她现在需要帮助，而不是指责；③理解父母“病耻感”的担心；④强调心理诊断的意义是明确孩子的真正状态，从而更加有针对性地帮助孩子渡过难关；⑤告知父母脑科医院心理门诊就诊的途径。

通过心理教育，父母有了带孩子去医院心理诊断的意愿。一周后父亲跟心理教师反馈，上周带小高参与朋友聚会，正好里面有个心理医生，父母事后询问这个医生朋友能看出孩子有心理问题吗？这个心理医生一开始很惊讶，然后跟父母说“从朋友聚会中没有看出什么问题，有需要最好到医院进行诊断”。小高的父母自动忽略了“到医院诊断”后半句的建议，就选择性地记得了“看不出什么问题”的前半句，并跟心理教师反馈了这件事。在辅导室中心理教师跟小高谈到了这次聚会，问小高对聚会的感受。小高说在外人面前自己碍着面子总是表现得“很阳光”，没办法表达真实的自己。小高再次向心理教师表示，希望到医院看心理医生，想知道自己究竟怎么了。

于是心理教师再次与小高父母访谈，明确告知他们心理诊断的目的以及小高的心理诉求。并进一步通过心理教育让他们意识到“面子”与“健康”孰轻孰重。小高终于和心理医生正式见面。

3.学生情绪障碍的协同工作

（1）了解学生心理治疗方案

“老师，当我得知自己是中度抑郁症后，我反而坦然一些、平静一些了。”小高带着自己的诊断结果来向心理教师反馈情况。她说：“虽然抑郁症并不是好事，但是我知道我的状态不好是因为我病了，而不是我矫情。”

心理教师进一步了解小高的心理诊断及治疗方案，心理医生建议其按时服药并定期复诊，可以同步接受心理咨询。小高表示愿意留在现在班级继续学习，希望通过医学治疗和学校心理辅导慢慢调整自己的状态。心理教师进一步了解其在校学习期间的困难与需要，并与其讨论在校期间如果出现情绪波动如何求助，并向其介绍了区域教育部门公益心理辅导机构的求助途径。

（2）开展多方合作，给予孩子心理支持

心理教师与班主任、家长开展多方会谈，就小高边治疗边上学期间的心理支持策略进行讨论。从班主任管理的角度，就学业要求、情绪波动时的求助途径、班级同学的帮助及任课老师的帮助等方面进行了明确，这一过程中要充分注意到保密和解密的范围与方式；从父母角度，给予家庭教育策略调整的建议，并希望父母加强对小高心理状态，尤其是其中情绪状态的监测，保持家校沟通，并能及时向学校反馈医学治疗的情况。家长表示会根据孩子意愿选择心理辅导的途径。

（3）跟踪随访

在校期间，每个月心理教师会与小高进行个体谈心，并与班主任保持联系了解其近期状态及治疗情况。半年后，小高告诉老师，自己已重新调整生涯规划，在学习生活中慢慢找回自信。

（三）案例反思

回顾小高的"求助"历程，在"医教协同"工作意识的推动下，因为有班主任的觉察，心理教师的及时转介，父母的接纳，以及后续医教结合、家校合作的努力，让小高得以及时得到有效的抑郁症治疗。其中"校–家–医协同"心育工作的几个重点工作值得进一步关注：

提升"预防意识"，把预防工作做足：在学校日常工作中，要将家长、老师及学生的健康宣讲做到位，让大家都提升"心理问题觉察"意识，"校–家–医协同"工作意识，形成科学的认知、积极面对的态度及找到适合的治疗途径。

提升"协同意识"，对重点关注人群定期关注：对于有重大负性事件，有身体疾病，有家庭矛盾、人际矛盾的高中生，学校老师，特别是班主任要做到重点关注，把"家校"协同工作、学科教师间的协同工作、教学与管理的协同工作及与心理教师的协同工作提前架构好，有意识地把"个性化"的教育策略智慧地实施在这些易感人群中，减少或降低心理问题的发生。

提升"专业化意识"，加强学校专职心理教师队伍的培养：学校要转变对心理教育工作的认知，要从过去"要有"心理教师到"要会用"心理教师转变，把发展心理教师的专业胜任力，提升心理教师工作规范性作为一项重要工作，让心理教师在医教协同中真正能做到有效预防、评估、转介及辅导等工作。

在中小学校园，从过去“谈病色变”到“心理生病是正常的”认知转变中，社会对青少年心理问题的态度有了极大的不同，但是对于抑郁症等情绪障碍的偏见、病耻感及讳疾忌医等现象依然存在。青春期是容易被情绪障碍等心理疾病找上的年龄阶段，学校教育要从情绪障碍的组织与管理、预警与运行等方面进一步规范工作流程、提升工作警觉及加强工作胜任力，促进“校-家-医协同”，让学生的心理问题因为医教协同意识的提升得到了更积极有效的干预。

第四章 心理异常中小学生的转介与康复支持

在学校，“转介”与“康复支持”工作很常见。例如一名学生拉肚子了，校医室的医生经过评估认为这个病情需要到医院进一步检查，便会告知家长带孩子“转介”医院诊断和治疗。学生看病回校后，病情不允许他参与剧烈运动，学校会支持他不参与长跑，但建议他在体育课上做一些力所能及的锻炼，这是“康复支持”。

面对不是身体疾病而是心理问题的学生，转介与康复支持也是学校心理健康教育中非常必要和常见的工作，但是这项工作的开展却会遇到比其他身体康复支持更多的困难。当班主任或者同学跟心理教师报告，有一名学生的心理困惑已经不能通过自己的谈心解决，想要转到心理教师这里做心理辅导，这是校园内的一种“转介”工作。当心理教师经过综合评估认为学生的心理异常需要心理医生的专业诊断及治疗时，便会通过与父母沟通将学生“转介”到心理医生那里，这是校转医的工作。如果学生经过心理诊断进入心理治疗的进程，并回到学校继续学习，这是“从医转校”的过程，同时也即将开始学校对学生心理康复的支持工作。

案例情境三十六：

一位小学二年级学生在学校老师的评估下有注意力缺陷多动障碍的可能性，心理老师便与家长会谈希望带上孩子去医院就诊。在与家长交流中，家长主动报告了孩子有多动症的确诊，在配合医生服药，但也不知道还要做些什么可以让孩子变得更好，所以很无奈也很无助。通过交流，心理教师意识到学校教育应联合家庭为学生提供一套有效的康复支持策略，一方面让多动症学生的行为症状能被班级老师理解，减少被指责，另一方面要提升家长的教育信心和教育方法，加强学生在校内外的运动等多方面的科学训练。

康复支持工作的跟进是一项长期且系统的工作。康复支持工作不单是某个老师的个人职责，也不是学校单方面要承担的任务，这项工作可能会持续多年，需要“校-家-医”三方协同，以学生健康成长为最大福祉并适时调整支持方案。

康复支持工作中，学校心理教师不能胜任的心理辅导任务，也存在需要转介给其他更有经验的心理教师或心理咨询师的情况。学校心理教师在心理异常学生的转介与康复支持工作中，既要面对“转入”，也要处理“转出”，既要对外联络协调家庭与医院，也要对内沟通联络班主任与年级组，既要投入专业心理支持工作的方案制定，也要应对组织管理工作，是一项要求高、难度大的系统性工作。

一、心理异常中小学生的转介

及时转介是心理干预过程中让心理异常学生获得更好帮助的重要环节，是学校教师高度责任感和良好职业道德的重要体现，不匹配的干预工作不仅会延误有效治疗，也会导致实施干预的老师产生挫败感、无助感。

（一）现状与难点

1.转介中的阻抗

在日常学校心理教育中，一些学生、家长对走进心理辅导室、参与心理辅导存在偏见和阻抗，更别说到医院的心理门诊去见心理医生。一方面是因为病耻感，他们认为会被议论，会被贴上“精神病”“不正常”的标签而影响前途，另一方面是源于不信任感，对医院的心理治疗、学校的心理辅导的有效性存疑，对心理教师的专业性存疑等。

案例情境三十七：

初三学生小彭（化名）因为人际交往困扰、学业挫折等导致情绪压抑，不愿上学。心理教师经过评估，建议父母带小彭去医院进行心理诊断，以明确心理问题的类别及严重程度。父母没有当面拒绝老师的建议，但是带学生回家后，并没有按照转介的建议去落实，而是让孩子在家休息了三天。后来的一个月，学生在反反复复请假与上学的过程中心理状态越来越差，请假时间由一天慢慢演变为一周。最后心理教师再度联系家长询问就医诊断进展的时候，家长说："我们没有去，因为不想让孩子背一辈子心理有问题的标签。"

分析：转介过程不仅仅只是建议家长带学生去医院检查就结束，而是需要心理教师能够对家长的心理健康素养水平进行评估，同时了解家长本人如何看待心理问题。家长们面对转介时的阻抗反应有差异性，有时是委婉的，有时却是非常愤怒的。有些家长也可能会说孩子的问题是因为学校教育不当，认为让孩子去医院就诊是教育的甩锅等等表现，看起来是阻抗，其实核心可能是家长本人态度上的难以接受。学校及教师需要对他们的"顾虑"进行工作。这既是学校转介工作中的难点，也是重点所在。

2.转介的资源不清晰

专兼职心理教师在学校有时是一个很边缘的存在。有些班主任老师可能多年工作下来都并不清楚心理辅导室在哪里，心理教师都在忙什么工作。因此当在面对学生的一些心理问题时，有的班主任会以"行为问题"直接通过和家长沟通进行处理，往往不会从心理问题角度去思考，更不会转介到心理教师处。虽然有时班主任和心理教师会从心理问题角度去评估学生的心理状态，但是常常苦恼不知道应该如何转介，也不知道转介到哪里；有时心理教师转介学生去医院，却也没有足够可靠的信息告知家长可以去什么医院、挂哪个科室的号更适合学生年龄阶段。

3.转介的流程不规范

转介意味着当事人学生的基本情况和心理资料需要由一方报告给另外一方，因此在转介过程中需要科学把握解密的方法与流程，否则就会违背伦理要求，并可能会对学生的心理造成二次伤害。

案例情境三十八：

小学六年级女生小琴（化名）在教室里用小刀割手臂，被同桌小华发现并及时制止。课后同桌将事情报告给班主任，随后班主任想带着小琴去见心理教师，认为这个事情只能转介给心理教师来处理。于是在办公室，班主任随即当着小琴、小华及办公室其他老师的面拨通了心理教师的电话，陈述了小琴的自伤行为，表达了自己的烦躁与无助。小琴在后续与心理教师的谈话中说到，当班主任把自己的行为没有掩饰地报告给其他老师听的时候，自己感到很羞耻也很自责，不想再到学校了。原本就处于极度压抑状态的小琴因为没有被班主任尊重与保护，感到了更深的自我否定。

分析：转介过程需要遵守心理辅导中的保密原则，案例中的班主任明显缺少此项意识。心理异常的未成年人需要家长、老师更多有效的呵护，但违背伦理的工作方法反而会带来伤害。那么解决这一情况的主要途径就是进行宣讲。在对师生和家长等学校相关人群开展心理异常科普宣讲的时候，也应增加心理问题保密和解密的原则与途径等内容，帮助大家提升应对的方法，这将有利于转介工作顺利开展。

（二）工作的前提

1.界定需要转介的情况

对于心理异常的中小学生来说，如果他们的问题越早被发现并及时采取有针对性的干预策略，就越有可能得到有效的救助，否则将可能延误时机，加重病情，酿成不良后果。[①]因此对于不能胜任的个案，学校应尽快将学生转介给其他更加合适的校内心理教师，如果校内缺少支持资源，可以及时与家长沟通，引导家长去寻找更有效的帮助，比如提供区域教育部门公益心理辅导机构的资源、医院资源等。以下面四种可能需要考虑转介的情况为例。

---

① 郭念锋主编：《心理咨询师（三级）》，民族出版社第2012年版。

和胜任力相关的转介

胜任力是完成任务的能力，包括个人的身心状态和专业技术能力等方面。在中小学生心理专业辅导中，由于专业背景和个人状态的不同，专兼职心理教师的胜任力具有个体差异性。同时心理教师的胜任力也有职责范围，超过范围的工作要明晰界限及时转介。比如：

（1）班主任或学科教师在与学生的教育沟通中，认为学生的心理问题需要心理教师干预的，可以转介给学校心理教师。

（2）心理教师结合自己的能力和专长无法为学生提供有效的服务，学生和家长并不希望直接到医院，可转介到校外教育部门公益心理辅导机构进一步评估。

（3）心理教师或区域教育部门公益心理辅导机构初步评估学生心理问题，认为有疑似神经症或心理障碍的可能性，则需要转介到医院的心理科、精神科或者其他相关科室进行诊断治疗。

（4）在心理异常学生的康复治疗过程中，面对遵医嘱可以开展心理辅导的学生，如果在开展心理辅导过程中出现胜任力不足时也应及时转介到其他更适合的校内外其他心理辅导师处。

（5）在心理异常学生的康复治疗过程中，学生在校突发危机，学校心理教师无法应对，也应及时转介。

主观因素导致的转介

从来访学生角度看，可能有以下情况：

学生认为与心理教师的风格不匹配；

有新的需求认为心理教师不能满足；

对本校心理教师的心理辅导有想法。

心理教师通过评估其需求的合理性来处理转介。有时学生的转介要求背后可能是阻抗或者逃避，因此需要评估。

客观因素导致的转介

学生转学或者休学时，提出需要更换心理辅导老师。

学校心理教师由于个人的身心健康问题、工作生活变动及出差等不能再提供服务等。

伦理相关议题的转介

学生与学校心理教师有双重或者多重关系，例如朋友、亲戚等其他需回避的关系。

家长与学校心理教师有双重或者多重关系，例如领导委托、朋友、亲戚等其他特殊情感关系，若工作时产生压力，这时候也可以考虑对学生进行转介等。

“转介”工作不仅是转出，还要面对“转入”，心理教师也应从上述各因素去评估自己能否胜任这份“转入”服务工作。

2.心理教师工作胜任力的自我评估

中小学心理教师与其他学科教师在工作环境、工作内容及职业胜任力方面的要求都有很大差别。陈虹、叶一舵认为学校心理教师的胜任力应该包括：拥有学校心理健康教育观念、具有职业特点的人格特质、掌握扎实的专业知识、拥有专业技能或能力、明确专业职责和专业道德、职业个性倾向和自我认同六个方面。[①]而在面向心理异常学生开展干预工作时，对心理教师的专业胜任力提出更高要求，不仅应有相关心理异常的医学知识作为基础，还应在技能与态度维度上能够有科学的应对能力。心理教师要保持相应工作自觉，在评估学生心理问题类别与严重程度的基础上，能主动客观评估自身胜任力水平，当不能胜任时能及时转介或求助其他资源的支持。若带着“不知者无畏”的“勇气”开展工作，不仅可能延误学生的有效救助，还可能给心理教师本人带来伤害。

案例情境三十九：

小方是一名中学专职心理教师，在多年的专业训练中开始尝试与可以参与心理辅导的抑郁症、强迫症学生开展工作，并通过认知行为疗法的实践工

① 陈虹、叶一舵：《学校心理健康教育教师的胜任力探析——以福建省为例》，载《教育评论》2006年第一期。

作协助学生们更好地康复。但是小方在一次与“双相情感障碍”来访学生工作的过程中由于缺乏相应知识与工作经验，对来访学生的抑郁与躁狂的波动状态并不能予以恰当理解，导致在持续了6次左右的辅导后，双方都感到本阶段心理辅导的低效能和无助感。

分析：如果心理教师能够更早觉察自身经验与能力的不足，那么来访学生可以更早找到合适的心理辅导老师、心理咨询师，得到更有效的帮助。

心理教师在心理辅导胜任力的自我评估中，至少要从以下几条进行：

异常心理的相关知识储备；

已掌握的心理咨询技术、工作经验与来访者需求是否匹配；

心理教师的人性观、价值观与来访者是否匹配；

心理教师的个人成长议题是否会与来访者心理问题产生负性勾连；

心理教师是否能坚守咨询伦理；

有转介的方法与能力等。

（三）建立科学工作框架

1.构建转介联盟工作机制

第一步：组建转介工作联盟

转介工作是一个沟通协调的工作，不论是转出还是转入，既是输出也是输入，还有中间环节，这些都是需要多方合作的过程。学校可以牵头心理异常学生的心理干预转介工作，组建工作联盟（如图二十四），提前规划好联盟成员间的沟通与工作机制，在有必要时能够顺利启动并有效开展转介服务。

学校应组建以校领导为行政支持、学校教师为工作支持的支持体系，校外专业的公益心理辅导机构、医院为专业合作对象的资源体系以及以家长、学生及相关师生为工作对象的服务体系。在转介工作中，家长也是工作对象，因为作为未成年的监护人，他们对转介的知情同意是后续工作的关键。

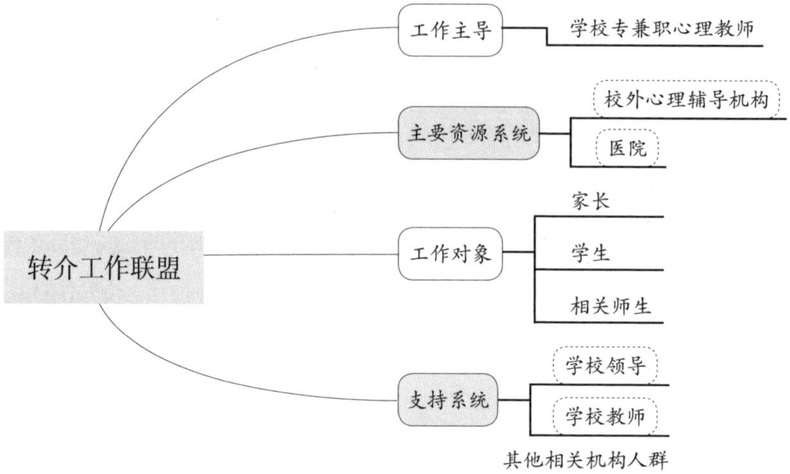

图二十四　转介工作联盟

第二步：明确工作内容

知晓转介目的。转介是为学生的心理健康负责任的表现，目的是让心理异常的学生获得最适合的心理治疗与心理支持。心理教师作为转介工作的核心成员，是联络各方的中心，要明确学校转介工作有哪些类型，不同类型转介的工作重点是什么（如图二十五）。

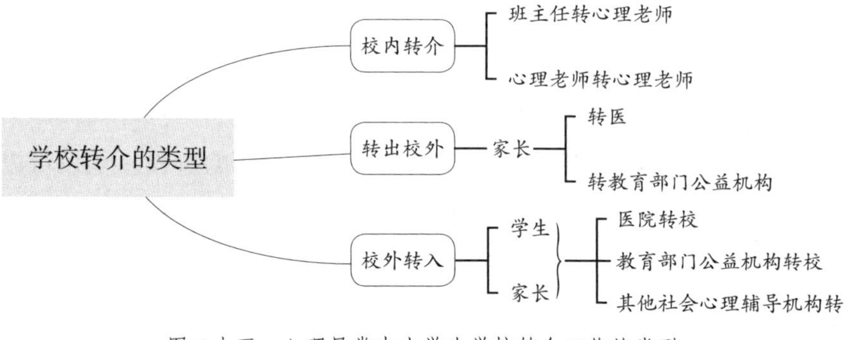

图二十五　心理异常中小学生学校转介工作的类型

校内转介：心理异常学生的识别与评估是一项专业性较强的工作，学科教师和班主任一般会在转介心理教师前开展一些教育谈心工作来解决学生的行为问题和心理变化。但当他们感到教育谈心工作效果不佳时，会考虑转介到心理教师处。

当学校有多名心理辅导老师时，由于专长或咨访匹配等问题也会存在校内心理教师间的相互转介。校内老师间的“转出”与“转入”工作的重点包括：与学生解释为什么要转介、获得学生的知情同意、解密工作等，同时新介入的心理教师应以评估问题严重程度及工作胜任力作为是否要接收的第一步。

向校外转介：学校心理教师专业力量不足或学生及家人对直接到医院就诊有顾虑、阻抗，可以考虑将学生先转介到区域教育部门公益心理辅导机构，比如在南京的陶老师工作站（又称南京市中小学生心理援助中心）及各区县的工作分站。这是区域教育局成立的公益心理辅导机构，热线或面询志愿者均是通过严格筛选的，具备心理辅导资格和一定工作经验。经过评估，校内外的心理教师如果认为需要学生到医院就诊以明确目前心理状态是否异常，应做好以下重点工作：心理教师一方面要与学生、家长解释为什么要转介，获得学生和监护人的知情同意，同时向学生及家长介绍公益机构的师资和预约途径，医院的相关诊室、医生情况和预约途径等。

医转校：当学生从医院获得诊断后，会出现多种情况。即刻住院治疗、医学内多种方式的联合治疗、医学治疗辅助心理辅导联合支持，或者仅仅建议开展心理辅导支持。这其中学生既可能休学、休病假，也可能边上学边治疗。其中医嘱建议辅助心理辅导的，就需要对学生开始医教协同的心理辅导工作。

学生和家长可以选择转入学校心理教师的支持性心理辅导工作，也可以选择转入社会心理辅导机构。此刻，心理教师需要通过家校沟通明确学生诊断的心理障碍类别和严重程度，明确心理医生的治疗建议中是可以辅助心理辅导的，那么心理教师经过自我评估确实可以胜任的，才可以开展后续辅助性心理辅导工作。在学生治疗康复期间，学校心理教师可以开展的支持性工作不仅只是心理辅导，但这里谈到的医转校更聚焦在心理辅导工作。当然在后续的辅助性心理辅导中，心理教师和学生之间经过协商需要再次调整心理辅导老师的，心理教师要再次启动向校外机构转介的工作。

第三步：构建转介流程

学校应根据校内外实际情况建立符合校情的、明确的及具有实操性的转介流程，让不同参与人群知晓当遇到不能胜任的情况时如何帮助心理异常学生及时得到有效救治。图二十六“学校心理辅导转介流程”中包含六个步骤，分别是解释说明-转介通知-初步评估-综合研判-结果回复-档案整理，也简要阐述了每个步骤的工作内容及伦理等注意要点。

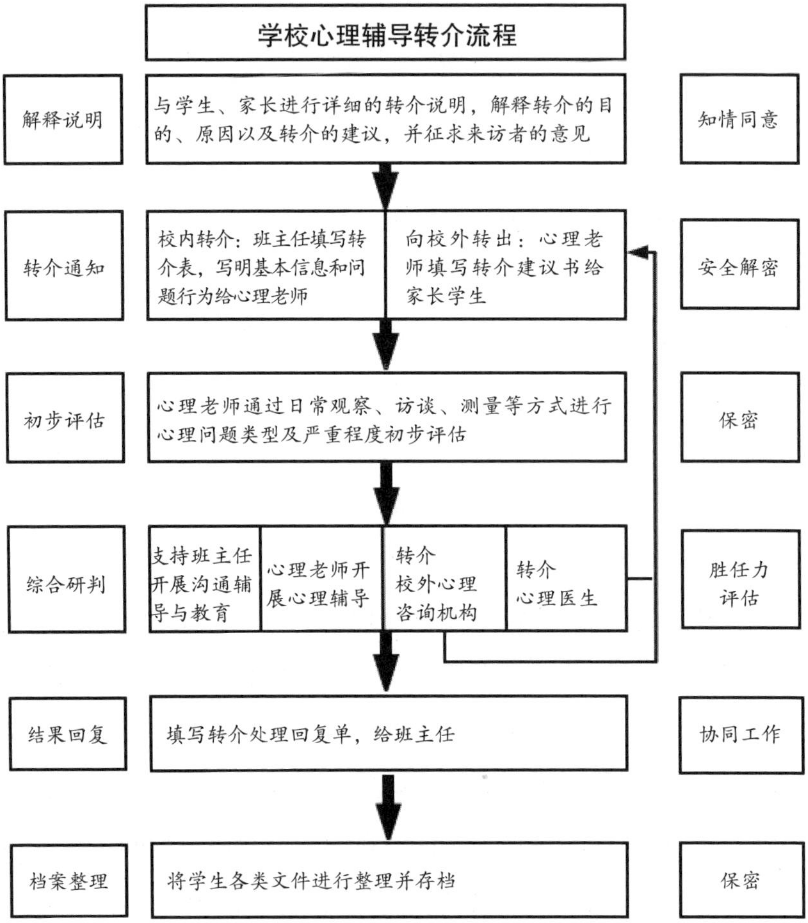

图二十六　学校心理辅导转介流程（参考）

案例情境四十：①

校内转介：班主任转心理教师

小哲（化名），一名正在念初一下学期的男生，外表瘦弱高挑，行为举止沉稳腼腆，有礼有节。小学时小哲是典型的学霸，非常乖巧懂事勤奋好学。初一刚入学参加军训，因不能适应班级严格的管理氛围，出现了不适应。第一次期中考试成绩并不理想，在之后的考试中开始出现发抖、出汗现象。每天晚上会因为写作业拖拉，常常要晚11：00以后才能睡觉。母亲从小学开始全职负责孩子的学习生活，非常有序严格地管理孩子的学业发展，母子二人至今没有分床睡。进入初中后因为孩子学业的变化，母亲在教育上更加严格，并常常因为作业拖拉导致晚睡批评他。爸爸常常置身事外，虽不认同妻子的做法，但也较少参与或者调整对孩子的教育。

初一下学期一开学，小哲便多次强烈提出不想上学，常常请假在家。班主任根据妈妈的反馈，结合学校的观察，与小哲多次进行沟通教育后，建议妈妈带小哲预约学校心理辅导，妈妈和孩子都表示愿意参与心理辅导。

同时班主任将学生基本情况填写进学校心理辅导转介表，交给心理教师继续后面的干预工作。

校外转介：心理教师转医院

通过首次访谈，了解到小哲身处青春期，在初入初中的新环境适应中遭遇挫折，情绪低落，学习兴趣降低，面对考试压力有明显的身心反应，出现不想上学等社会回避行为，持续时间也有三个月之久。鉴于此，心理教师建议家长带小哲到医院进行心理诊断，评估在抑郁、焦虑等情绪上是否达到异常水平。后续基于孩子具体的心理问题及程度，在医生的建议下商定进一步的辅导方案。

校外转介：心理教师转区域心理辅导公益机构

心理医生对小哲的心理诊断是轻度抑郁症，建议家长多关心并能开展心理辅导。基于医生诊断，小哲及父母愿意继续心理辅导。但是心理教师

① 张燕：《青春期亲子关系的修复之旅》，载《江苏教育》2022年第32期。

在确诊的抑郁症案例上感到胜任力不足，便通过与来访家庭协商，转介他们到区域未成年人心理辅导公益机构，并提供了预约电话、面询地点和相关流程。

分析：心理辅导中向医院的转介、向公益机构的转介、遵医嘱开展的心理辅导工作，让我们看到了处于青春期的小哲的真实心理状态，他被理解了，不再成为被批评的靶心；父母对心理问题的医学诊断、对心理辅导的理解与接纳，让小哲的“叛逆”得到了包容和改善。“校-家-医”的通力合作促成了小哲的康复！

第四步：编写转介文本

编写规范的转介文本，可以协助我们规范转介工作，同时也便于工作存档。2022年9月中国心理学会临床注册系统引领行业规范发展发布了一套全国中学心理辅导室规范性文件，其中就有学校转介建议书（表十），主要是针对校转医的转介建议。出具建议书的环节能让学生及家长认识到“转介”工作的严肃性，也让学校心理教师的工作更具专业性和规范性。

在学校转介工作中除了校转医的转介建议书，还可以包括学校心理辅导转介表—中学（表十一）、学校心理辅导转介回复单—中学（表十二）等。

表十 中学生转介建议书—中学（参考）

中国心理学会临床心理学注册工作委员会制

________学校转介建议书　　　　学校留存页

________同学监护人：

您的孩子于____________期间在我校接受心理辅导，根据心理辅导的实际情况，为了更加合适和有效地帮助到您的孩子，依据心理辅导的专业伦理，我们建议您作为监护人带其到正规医院心理科/精神科检查，以便依据检查结果商定后续的帮助方案。

监护人已收到建议书且知悉上述建议，并会给予认真考虑。

（本建议书一式二份，学校和监护人各执一份）

________同学监护人（签名）：

监护人联系电话：

年　　月　　日

中国心理学会临床心理学注册工作委员会
CRCPS

________学校转介建议书　　　　监护人留存页

________同学监护人：

您的孩子于____________期间在我校接受心理辅导，根据心理辅导的实际情况，为了更加合适和有效地帮助到您的孩子，依据心理辅导的专业伦理，我们建议您作为监护人带其到正规医院心理科/精神科检查，以便依据检查结果商定后续的帮助方案。

监护人已收到建议书且知悉上述建议，并会给予认真考虑。

（本建议书一式二份，学校和监护人各执一份）

________同学监护人（签名）：

监护人联系电话：

年　　月　　日

表十一　学校心理辅导转介表—中学（参考）

学校心理辅导转介表

<table>
<tr><td>学生姓名</td><td></td><td>性别</td><td></td><td>班级</td><td></td></tr>
<tr><td>转介人</td><td></td><td>与学生关系</td><td></td><td>学生是否同意转介</td><td></td></tr>
<tr><td rowspan="3">学生问题类型</td><td>同伴关系</td><td>亲子关系</td><td>师生关系</td><td>学习压力</td><td>考试焦虑</td></tr>
<tr><td>自我伤害</td><td>创伤性经历</td><td>生涯规划</td><td>新环境适应</td><td>网络成瘾</td></tr>
<tr><td>情绪烦恼</td><td>抑郁症</td><td>焦虑症</td><td>强迫症</td><td>其他</td></tr>
<tr><td>学生问题简述</td><td colspan="5"></td></tr>
<tr><td>已开展的工作</td><td colspan="5"></td></tr>
<tr><td>转介建议</td><td colspan="5">由________老师开展心理评估与辅导</td></tr>
</table>

表十二　学校心理辅导转介回复单—中学（参考）

心理辅导转介回复单

第一联：心理辅导室留存

________老师：

您好！您转介至心理辅导室的____________学生，已安排学校心理老师____________进行心理辅导。进一步对学生开展的心理支持有：

心理辅导转介回复单

第二联：班主任留存

________老师：

您好！您转介至心理辅导室的____________学生，已安排学校心理老师____________进行心理辅导。进一步对学生开展的心理支持有：

注：如有疑问，可以联系心理老师。

2.加强教师转介工作专题培训

（1）学校教师转介工作的合作培训

案例情境四十一：

陈老师是某初中心理教师，中午她正在心理辅导室，突然一位班主任拉着一位初一学生急促地走进来。当班主任看到心理教师，将学生推给陈老师，并非常生气地说："这个学生交给你了！我真的是没有办法了！"说完转身就走了。留下陈老师和学生面面相觑。随后陈老师征得学生同意，两人坐下来聊了聊。事后班主任也没有再联系陈老师询问学生的情况，两天后陈老师主动联系了这位班主任。

分析：班主任在遇到棘手的问题时常常是希望心理教师能帮一把的，但是转介不是抛弃，以为交给心理教师了，自己便退出对学生此次的教育管理。这样的做法不仅没有尊重学生，也将提高后续的干预工作难度。

对学校教师特别是班主任的培训中要特别强调转介的目的和方法。一些一线班主任在与学生的工作中非常辛苦，但有些班主任教师缺乏工作智慧与方法，有时不仅会增加学生心理问题解决的难度，还会让学生排斥心理辅导。培训可以让更多教师了解转介的流程，提升与心理教师的有效协同，能够既有效又规范地帮助到学生。

（2）心理教师专业能力培训

重视伦理学习与督导。许多老师觉得转介很困难，主要是感到操作过程中资源欠缺和伦理要求高。培训可以让心理教师能进一步尊重学生和家长对转介的知情权和选择权。有效的转介，需要通过心理教师的说明让学生和家长明确转介的原因，了解转介后要面对的情况，以及签署知情同意可以转给下一任心理教师或医生的相关资料。在得到知情同意后，转介才可以启动，才能有助于学生和家长安心地进入转介流程与后续干预工作。

同时对于一些冲突，心理教师需有相应处理原则。比如，是要转介到公益心理辅导机构还是收费的医疗机构？如何界定与学生的“不适合”是可以挑战的还是到了必须要转介的程度？个别心理异常学生及家庭给咨询师本人带来的“个人不适感”在什么程度上是需要转介的？对于一些有争议的没有明确具体答案的议题，心理教师要能及时觉察与反思，并积极寻求同行的建议或个人督导。比如，从不少地区的做法中，我们看到学校不能把学生转介到校外收费的心理辅导机构，除非是家长自己寻找的。

重视行业交流。作为学校心理教师，其受训背景和专业成长是受限的。在面对心理异常学生开展工作时，不是每一位教师都能有足够的胜任力和资源来应对。加强行业交流，一方面可以促进区域心理教师资源分享，让中小学专兼职教师广泛了解区域公益心理辅导机构的工作架构、师资水平和特色、预约转介流程；另一方面可以促进医疗和教育的结合，让心理教师与心理医生能直接面对面交流，明白心理门诊的架构、适合中小学生的心理门诊名称、区域内心理医生的专长等，让校转医的资讯能够活起来，增加一线心理教师工作的效能感。

案例情境四十二：

一位高二的年轻班主任孟老师通过心理培训后，意识到心理异常应及时治疗的重要性。她作为新班主任经过一段时间对某位学生的观察评估后，认为需要请家长带他去医院进行心理诊断。某综合医院心理门诊诊断后，家长通过班主任主动预约心理教师面谈，想推进学生在学校的心理援助工作。经过初步了解，学生被诊断为重度强迫症伴焦虑、抑郁、人际敏感等症状，医生建议服药并开药若干，后家长决定不给孩子服药便离开了医院。家长希望学校心理教师能够提供心理辅导，并支持他孩子不服药的治疗决定。

心理教师询问是否可以看一看诊断报告，家长同意了并拿出来一份报告，是一个90项症状清单的测评报告。报告显示学生仅用6分多钟便完成了90项题目，指导意见中只有对测评结果的解释。显然这不是一份完整的诊断报告。心理教师意识到家长并不清楚诊断报告、处方和心理测验报告的区别，把它们混淆起来了。由于没有看到学生的综合诊断和治疗方案，心理教师认为是否能启动心理辅导，需要进一步的医嘱报告。

同时心理教师认为即使医嘱建议辅助心理辅导工作，自己的胜任力也不足，应考虑转介更为专业的区域教育部门公益心理辅导机构开展帮助该生的工作。此时心理教师想到了区域未成年人心理辅导公益机构为学校提供的工作督导——某医院的心理医生，便通过与心理医生进行沟通得到了工作支持，明确了家长应该与医生加强联系，明确询问是否可以同时开展心理辅导。这些资讯的获得让家长感到温暖，并决定继续转介医院开展心理诊治工作。

分析：学校与医院间的无缝交流，心理教师与心理医生的直接对话，是区域“医教协同”工作在具体实际工作中的一次有效落实，不仅促进了学校心理教师工作的科学性、时效性，提高了转介工作的针对性，同时也增加了家长对孩子医学治疗的信心。

3.引导家庭重视转介工作

（1）让家长理解转介目的

首先同感家长的心理。在所有的转介环节中，但凡与“医学心理治疗”相关的转介，与父母的沟通都相对困难。当所谓“小问题”被“扣上”心理疾病的帽子时，家长内心会浮现出很多负面情绪，比如恐惧、焦虑、愤怒等，进而影响他们的理性判断，出现对“转介”工作的阻抗。面对有“阻抗”的家长，同感并理解他们是沟通的第一步。

案例情境四十三：

一位看起来挺沉稳的父亲应约来到学校心理辅导室沟通学生当天出现的“危机事件”。家长准时来了，但走进辅导室，双手交叉抱在胸前，带着怒气说：“老师，我们没有错！干什么因为一点小事把我喊来，她现在不是好好的吗？”心理教师觉察到这位家长“盛气凌人”的背后是认为“被喊家长”很丢人，认为会被“教训”。于是心理教师便非常平和地说：“这位家长，您先坐下来我们慢慢聊。今天的谈话主要是想跟您讨教一些关于孩子的事情，以便更好地了解和帮助她！”后来的沟通便逐渐顺畅了。

分析：有一些阻抗可能一开始并不是来源于“心理疾病”，而是来源于“被喊家长”带来的没面子。一些家长过往被老师喊到学校的经验中，更多的是因为孩子犯错被情况告知甚至被指责，因此这些家长自动生成了对被喊到学校交流的阻抗。这也是心理教师或者班主任在进行沟通时要能敏锐发现的。

其次明白让学生获益的转介目的。在面对严重心理异常比如抑郁症、双相情感障碍等有自杀危机风险学生的转介上，一些学校管理者因为害怕发生“危机”事件，也常常感到忧心忡忡。原本也是基于对学生健康和安全的考虑，希望孩子能得到更适合的治疗，但是却表达出希望心理教师能帮忙说服家长带孩子去就医或者休学，此刻的“说服”根本就不能让家长真正理解转介究竟是为谁好，沟通反而可能会陷入僵局。因此所有的关于“转介”的一对一沟通中，心理教师一方面要理解学校遇到此类学生在教育上的无力感，并且要格外关注该类群体的安全，另一方面一定要站在学生获益的角度提出转介方案，让家长理解“转介”是为了更好地理解孩子的情绪行为问题，是为了知道孩子是不是真的心理生病了，是为了帮助孩子得到更合适的治疗等，基于家长对孩子的爱与关心，他们才会积极面对。这也符合心理辅导中“价值中立”的伦理要求。

（2）指导家长知晓相关医疗信息

转介不是单纯地开展药物治疗。一些家长开始接受孩子会遭遇心理疾病并能带孩子参与医学治疗，但是却简单认为“反正只要在吃药就行”，“孩子自己的事情他自己面对就行”，一直处于旁观者的角度，并未深度思考孩子生病的原因，以及作为家长还能为孩子的康复做点什么。

案例情境四十四：

高中生青林（化名）在学校出现了上课不能集中注意力，频繁观察同学是否在打量自己，总怀疑身边同学在议论自己，同时在面对考试时非常焦虑，都不能来学校上学。经过班主任的观察评估并征求心理教师意见，班主任请家长来学校进一步了解孩子的心理状态。通过沟通，家长对孩子的情况表示很清楚，而且已经有医院中度焦虑症、中度强迫症的诊断。但是父亲说已经坚持半年每月都带孩子去复诊并一直在吃药的，不过就是不见好转，好像还更严重了，估计还是孩子太矫情了。心理教师继续询问了每次就诊的情况，父亲说每次去医院，孩子一个人进去见心理医生，没有开展心理咨询，只是拿个药方一会儿就出来了。而他作为父亲从来没有和心理医生聊过，完全不知道孩子服药治疗的目的，也不清楚是否还应有其他的治疗方案。

分析：从案例侧面能看出学生并不愿意和父亲有过多交流，表现出了对父亲的不信任等。这种父子之间亲子沟通的不畅、关系的隔阂，恰恰是父亲在应对心理疾病康复过程中要看到并努力改善的部分。因此在转介过程中，需要教会家长意识到主动去寻找孩子产生心理疾病的原因，积极配合医学药物治疗的同时，还需要为孩子的心理康复提供多维度的心理支持。后来青林的父亲和孩子重新挂号预约了专家门诊，并获得了家庭治疗的机会。

转介不是找熟人听好话。家长会倾向于找“熟人”开展心理咨询或辅导，是出于信任或者感到安全，认为熟悉的朋友会更了解孩子、会更尽心尽力，同时不会给孩子和家庭贴不好的标签。但是在心理辅导中“熟人”关系恰恰是需要尽量杜绝的，这会违背心理咨询的伦理要求。

案例情境四十五：

小学三年级学生子沐（化名）爸爸的好朋友是一个异地的个体从业心理咨询师，在子沐被确诊注意力缺陷多动障碍后，爸爸便跟朋友多次电话询问这类心理障碍该如何治疗，后来还跟朋友提出直接为孩子做心理咨询。被朋友拒绝后，子沐爸爸很不高兴，这时才来求助区域未成年人心理服务机构，为孩子开始新一阶段更正式的心理辅导。

分析：从伦理角度来说，多重关系并不有利于建立良好的咨访关系。多重关系不仅会让心理咨询师情感上不中立，而且出于“朋友”面子，无法和家人进行客观的病情讨论与辅导方案的制定。因此转介绝不是为了听好话，绝不是为了获得便利与自我面子的安全感，而是让学生获得更好的心理支持！

医转校的过程也应重视心理评估。心理异常学生的治疗有个过程，大多需要三个月、甚至几年的缓解和康复的时间。但是中小学生和家长常常没有做好与心理异常状态长期“作战”的准备。

案例情境四十六：

高三女生晓梅（化名）因为抑郁症入院治疗一个月后，便急着想要回学校继续学习，认为住院期间已经耽误了学习，想要尽快恢复。但是心理医生并不主张她即刻回校，建议她继续居家康复并积极遵医嘱服药和开展心理咨询。为此家长非常矛盾，便求助班主任和心理教师。心理教师通过与父母交流，了解到孩子的情绪确实还处于不稳定状态，同时想要上课的需求很强烈。另一方面父母也表达出希望孩子能够恢复得更好再回校的意愿。于是我们家校双方开展合作，一是帮助父母更好与孩子沟通，促进孩子居家休养，二是班主任在晓梅出院后的头两天，在教室搭建网络直播平台，让她根据课表选择课时，在家和班级同学同时在线学习，提供一个复学的缓冲状态。

分析：心理异常学生的医转校也如校转医一样需要有评估。这份评估最好是来自心理医生的医学评估，心理教师可以结合医生的专业评估做好家校沟通。在学校教学管理允许的情况下，在年级组和班主任充分考虑到可行性的情况下，以有利于学生心理康复为目标，尽量创设适宜学生康复的学习和生活环境，并促成建立有利的康复协同支持体系。

二、心理异常中小学生的康复支持

对学生心理异常的发现、识别与转介工作，都是为了老师、家长精准了解其心理异常的程度，以推动学生获得更恰当、科学的治疗。因此在学生治疗康复的过程中，学校应基于学生的心理异常情况，与家庭一起为学生共同创造良好的“校-家-医”康复环境，共议协商“校-家-医”康复支持计划，这对提升心理异常学生的心理健康水平，促进恢复社会功能、适应学校生活非常重要。

（一）现状与难点

1.难以避免危机行为的冲击

经心理医生诊断有心理疾病的学生，依据病情程度不同，医生会给出不同的治疗建议。但是不论是什么医学方案，治疗康复都是一个过程，有时还是一个漫长反复的过程。因此在整个治疗与康复的进程中，学生会持续呈现出认知、情绪、行为的不一致性，出现危机行为也会在所难免。所以这也是一些学校面对“心理异常”学生会感到畏难、恐慌的原因，因为这些孩子很可能成为“不定时炸弹”，不知道何时会引发危机。

案例情境四十七：

程程（化名）这天请假晚来学校两节课，可是刚到教室坐下来不到10分钟，她就急促地冲向窗边，并坐上了窗台。邻桌男生用最快的反应一把拉住了她并安全地带回到了座位。整个过程非常快，站在讲台的物理老师都来不及反应。在后续报告中物理老师反馈当时双腿发麻，因为害怕和着急差点跌倒。程程是一名即将要参加中考的女生，正在接受抑郁症的治疗。老师反馈半学期来学生状态越来越好，虽然偶尔请假，但都能更加有序的投入学业和人际交往了。但是这个危机事件完全出乎意料，不仅扰动了班主任，更是扰动了全班同学应考复习的心情。在后来与学生的访谈中她说早上起床时被妈妈的碎碎念搞烦了，就不想来学校。后来决定出门时，爸爸又指责自己动作太慢，心里非常委屈。带着这些负面情绪坐到教室座位后，当看到同学们都在认真学习，又感到自己很不上进，就产生了冲动行为。

分析：在病情中的学生情绪更敏感、也易激惹，加之青春期的情绪冲动确实会存在很多不安稳因素。因而在心理异常学生的康复过程中，学校一方面要积极协助学生康复，给学生信心、包容，另一方面还要做好预防危机和应对危机等突发状况的准备。此案例提示要加强对家长的宣教工作，主要增加家长对心理异常康复期孩子的行为特点、症状表现的认识以及学习应对方法。

2.病耻感被不断触及

这主要是指对心理疾病的歧视和误解很难消除。“仅仅就是一个小事，他怎么就要爆发那么大情绪呢？太让人想不通了”“都吃药治疗了一年了，还是这么矫情，我们家长都要被逼疯了”“孩子最听老师的话，在咨询的时候想请你告诉孩子让他不要反反复复检查和洗手，太耽误时间了”这些来自家长的抱怨背后，呈现出他们对孩子心理疾病的不接纳与不理解。还有一些歧视会来自班级的其他同学的家长，他们会警告自己的孩子：“他有多动症，你不能和他做朋友，离他远一点。”有些孩子还会口无遮拦的当众喧嚷：“她有病，别理她！”有些老师也会表现出对心理疾病孩子的害怕，出现对孩子要么过于回避、要么过于放任的教育态度，反而让心理异常的学生感受到不舒服。

案例情境四十八：

四年级小学生恒恒（化名）有注意力缺陷多动障碍的诊断，在校学习期间表现为过度活跃，上课会起立走动或者坐着时也伴随很多小动作搞出声音干扰老师上课。于是孩子被安排在教室最后排的一个角落里，旁边靠近垃圾桶。课间，恒恒被个别同学嘲笑，大家还喊他“垃圾”“多动症”“神经病”等，恒恒因此出现了多次与这些同学间的冲突。恒恒和妈妈找到心理教师时都非常无助。妈妈说孩子的病情是事实，身为家长一直在想办法改善，但他在教室里坐不住并不是主观上想要犯错，应该被理解却被天天嘲笑。

分析：心理状态之所以称之为异常，就是因为存在常人难以理解的言行，存在不能用常人经验来衡量“应该还是不应该”之处。家长、老师等成年人应该做好带头示范作用，少用所谓常人经验与思维来评判心理异常学生的表现，要对学生多一份接纳与理解。如此才能构建和谐的班级氛围，让心理异常学生能感受到温暖与关怀，有利于病情康复。

3.协同工作需磨合

对于中小学生来说，他们心理疾病的产生往往受遗传、社会文化、家庭教育等多方面因素的综合影响，很难单纯依靠他们自身的力量来独自应对。他们作为未成年人理应得到成年人的保护，科学通畅的“校-家-医”的协同心育支持策略一定会更有助于该群体的康复进程，但三方的协同常常因为各种原因很难开展。

比如，一些父母包括一部分学生一直不能接受药物治疗，担心副作用的影响，于是治疗工作就停下来了，也没有开展其他的辅助支持工作；还有一些家长、学生不愿意开展心理咨询或校内心理辅导，只是单纯的服药，其他学习生活照旧；还有一些家长会向学校隐瞒真实病情，不能及时坦诚沟通学生的难处和需要，进而产生更多的因学生思维、注意力等跟不上学校教育、课堂教学的统一要求，而导致学校适应能力进一步下滑，社会功能持续受损；也不乏一些家长自身就处于心理亚健康、心理疾病状态等，他们根本没有足够的能量来应对孩子的病情……

案例情境四十九：

小学生毛毛（化名）因为曾经遭到了父亲的家暴，即使父母已经离异，但是母女仍然处于创伤中。毛毛进入三年级开始出现不能上学、经常噩梦惊醒、身体不舒服等情况，妈妈在班主任建议下带女儿开展心理咨询。妈妈非常无助，一方面她也在这段婚姻关系中受伤害，同时因为女儿遭遇伤害更加愧疚。虽然求助区域未成年人心理辅导中心的公益服务获得了一定的支持，但是这样的创伤还需要更多机构参与支持。

分析：协同工作中确实还存在很多现实困境，阻碍着心理异常的学生得到更好的救助和康复。当学生遭遇侵害时，学校、公益机构和家长还应考虑要寻找更多资源进行合作，比如寻求社区的社工、妇联或者妇女儿童保护机构参与专项支持等，让心理异常未成年学生的安全和健康成长得到保护。

（二）工作的前提

1.建立人际关系支持系统

康复支持工作是一项人与人之间的连接工作，是一项“校-家-医协同”心育的工作，这是一个需要建立良好关系才能产生助人效果的工作。不论是医院情境中的医患关系、心理辅导室中的咨访关系，还是日常生活情境中的同学关系、朋友关系、师生关系及家庭关系等，所有的康复支持工作都离不开这些关系的良性互动，如果失去关系的链接，学生不仅会拒绝我们的心理支持，同时还可能导致病情加重。因为有时恰恰是一些人际关系的破损，才导致了心理异常的发生。因此无论是修补关系消除隔阂，还是重建关系，建立人际关系支持系统都是开展康复支持工作的重要基础。

案例情境五十：

一位刚入职一年的年轻心理教师分享了一个案例，关于她作为新手老师，如何陪伴了一个轻度焦虑症女生顺利完成高考的经历。面对高考，女生的考试焦虑越发严重，在高三的寒假被诊断为轻度焦虑症。她坚持来学校，并愿意听心理医生建议开始在学校做心理辅导。年轻的心理教师决定先评估一下再决定能不能胜任心理辅导。后来心理教师对她说：“你情绪不好时可以随时来找我，我陪你，听你说，就像朋友一样，但是我不能胜任正式的心理辅导，我可以把你转介给公益机构的资深老师。”女生同意了老师的支持性建议。在高考前的半年里，她在考试前后都会随时来找心理教师聊天、诉苦、哭闹，有时也有笑。这份安稳的陪伴与倾听让女生获得了情绪的舒缓。后来女生在领到大学录取通知书的那天特地给老师QQ留言道：“谢谢老师陪我挺过了最艰难的时光，那段时间我最信任的人就是您！”

分析：虽然不是正式的心理辅导，但是心理教师用最基础的无条件的接纳与理解，尊重与倾听，建立了信任的师生关系，让最基础的陪伴也达成了康复支持的效果。《他人的力量：如何寻求受益一生的人际关系》一书中说：如果拥有强大的人际关系支持系统，人们达成目标的概率会大大提高。

人际支持系统的建立，需要心理教师能帮助学生梳理出他的“重要他人”，并通过宣教等方式让这些重要他人比如父母接纳孩子的病情，理解孩子的行为，减少对孩子因为病情而产生不良行为的指责等，重建亲子关系。因此康复支持计划中，要帮助学生厘清不良的人际链接、看似美好的虚假人际链接、真正被接纳的安全人际链接等，从而通过构建新的支持系统，让学生感到被支持，而不是继续被否认、被拒绝。

2.科学评估学生行为，制定个性化支持康复计划

区分“破坏”还是“游戏”，别让教育行为错位。一个多动症的小学生，当他在参与团体活动时，撞倒了同学，如何评估这个行为是恶意的破坏行为，还是游戏行为中因为动作不自控而带来的冲撞，如果评估错误，教育就会错位。因此理解学生的病理性行为成为康复支持的第一步。

区分“教育契机”还是“负面刺激”，别让教育行为加重病情。面对一些情绪敏感的学生，老师感到“轻不得重不得”，很难把握一个恰当的教育程度和方法，既能支持其健康恢复，又不会成为新的负性刺激。例如，面对一些有焦虑或强迫症状的学生，恰当的刺激可以帮助他们进行脱敏训练，但是如果未经评估、未和学生商议行为训练的计划，就很难达到辅助支持的效果。

区分“因病获益”，别让疾病“长”在身上。当一个学生有了“我是病人”的理由时，他可能会有意无意地出现“我可以不写作业，因为我生病了”“我想来学校就来，不想来就不来，因为我生病了，老师应该对我格外宽容”，把生病当作获益的借口，某种程度上用“病”免去一些责任；有时学生用病表达“请来关注我”的情感需要，因为只有自伤时，父母才会来陪他，才不会只想着陪弟弟妹妹；一些学生用生病来表达愤怒，控制并攻击身边的人，比如让父母内疚、自责。因此在支持

性康复计划中如果一味迁就学生病情需要，会强化其不良的获益认知与行为，反而会加重病情。

案例情境五十一：

一位初三学生因为强迫症来到心理辅导室求助。他初一、初二因为学业发展大不如小学时拔尖，一度被父母批评指责为学习不用心，太懒惰，不动脑筋等。当他出现强迫行为并有医生诊断后，父母意识到对孩子的教育过于严苛，忽略了情感与心理的发展。因此父母开始调整家庭教育策略，不再聚焦他学习行为和学习成绩。但是学生说他现在陷入新的指责中。父母开始过度关注自己的强迫行为，每当强迫行为出现时，他们会表现出不理解、批评指责及愤怒失望等，这和过去的表现差不多，并加重了自己的内心自责与焦虑。

分析：家庭教育中，父母有时有很好的反思，能立刻调整教育策略，但是他们原以为是有利于病情康复的支持性策略，其实只是换了一个主题对孩子进一步攻击。制定符合学生病情的康复计划要考虑病情的差异性、年龄的差异性和环境的差异性，学校教育者也要能主动寻找学生的病因，这样在心理辅导层面才能做到真正有效的改变，才能起到支持作用。

（三）建立科学工作框架

1.构建康复支持工作机制

第一步：明确工作对象

学校心理服务通常分为三个层级，一是面向全体学生开展的发展性心理教育，比如心育活动、心理课；二是面向一部分学生展开的预防性心理服务，比如减压团体辅导；三是面向极少部分学生辅助其心理治疗的心理服务，比如个体心理辅导和家庭心理辅导。康复支持工作属于第三个层级，面对的是明确有心理异常的学生。这类学生包括这样两种情况，如图二十七所示：一是确诊后不论是否选择回归学校的，包括是否休学、是否请假一段时间的，都应给予学生和家长康复支持；二是确诊后不论是否选择药物治疗，学校都应提供康复支持，不能做心理辅导的可以选择其他支持策略。

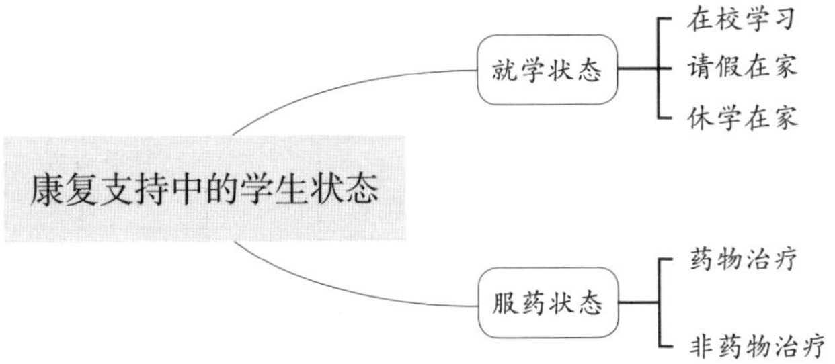

图二十七　康复支持中的学生状态分类

案例情境五十二：

在学校重点关注人群的梳理中，心理教师发现有一位心理异常的学生不在新学期重点关注人群名单中了，便向班主任了解情况。班主任说这个孩子休学了，应该就不用管了吧。巧合的是，当天心理教师接到了学生家长打来的心理热线辅导电话。家长提出希望心理教师能够帮忙家长调整家庭策略，同时希望学校心理教师能为学生提供心理辅导，说这也是心理医生建议的。

分析：对于一些请假或休学在家的心理异常学生，学校的教育责任并不会因为他不在校园环境中就自动消失。有些学生和家长有时会采用不上学的方式来应对病情，认为离开有压力的环境病情会自动缓解，但一些学生休学一年后再回到学校，老师们会发现他们并没有好转，反而增加了救助的难度；有些家长会主动求助，但每次没有规律的沟通交流并不能有效帮助学生的康复。因此学校应主动将这些休学或长期请假的心理异常学生纳入日常重点工作人群的名单中，并制定“一生一策”康复支持计划，让学校工作更有制度性、可控性和稳定性。

第二步：建立工作同盟

在以家庭为纽带的“校-家-医”工作同盟中可以形成更具有实操性的其他工作小组（如图二十八）。在学校里，基于康复支持可以建立研判工作小组、家校沟通小组及干预支持小组，分别在决策上、沟通上及专业干预上进行分工。同时学校可以请心理医生、区域心理专家作为工作顾问建立跨行业、跨空间的工作同盟。

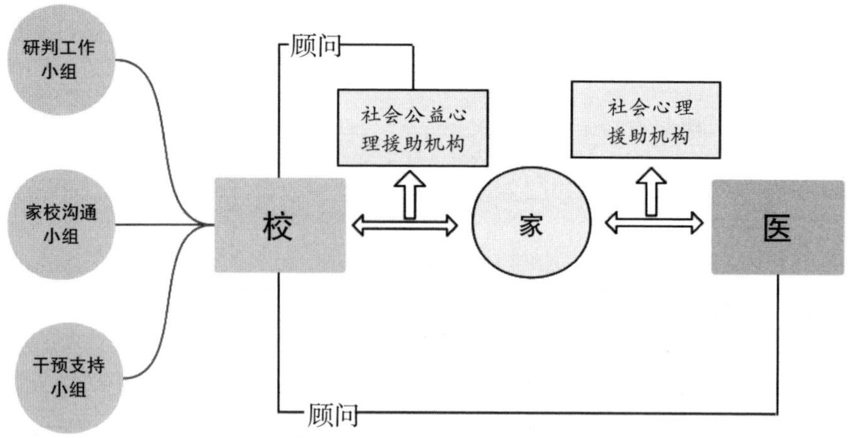

图二十八　校园异常心理康复支持同盟

校内研判工作小组以校领导、德育处、年级组、心理教师为主，通过分析心理异常学生的日常观察资料，研判学生的心理发展状态，做好应对决策。

校内家校沟通小组以班主任、心理教师为主，通过定期的家校沟通，了解学生在学校外的生活状态、就医情况、服药情况和家长的需求等，做好信息的搜集与整合。

校内干预支持小组以心理教师、班主任为主，通过有医嘱同意的心理辅导、病情发作期的心理支持等途径辅以专业、灵活的心理干预，以及班主任有针对性的个性化教育管理等。

第三步：定期组织研判会

学校心理异常学生作为重点关注人群，应定期组织相关研判会来评估学生康复支持计划的有效性，并适当调整工作计划。对于极个别的学生可能需要增加不定期交流的频率，以及时评估应对方案的可行性。

研判会通常可以包括：

①工作汇报类：相关老师汇报重点关注学生的近期表现、工作成效与困惑。

②经验交流类：老师们分享工作经验，包括与父母沟通、学生问题的处理方法等。

③专家工作督导类：请专家、顾问参与案例研判，提升工作的针对性和专业性。

④多部门协调类：请家长、老师、学校领导，甚至校外专家、社区负责人等参与共同研判，协商工作方案。

案例情境五十三：

南京市陶老师工作站玄武分站一名面询师在工作中经过评估认为这名有适应障碍的学生存在危机风险，便启动了分站的危机干预工作小组进行工作研讨。经过分站老师的研判，为了进一步保护学生的生命安全，分站决定向学校解密，启动区域和学校联动的危机干预工作。学校领导、年级组、心理教师、班主任等立即启动校园心理安全研判会，并在最小解密范围会议上进行了工作分工，包括校内心理档案调阅、校内密切关注方案、家校沟通方案、主动访谈等工作。

第四步：制定并落实协同工作计划

校内康复支持工作是一项动态、协同工作，随着学生心理状态的动态变化，支持策略应能有应变的空间。如图二十九“校园异常心理康复支持的工作内容”所示，康复支持的具体工作一般包括：跟踪观察、定期访谈、校内外心理辅导、校内外行为训练等康复策略、班主任的个性化教育管理及危机预防与应对等。

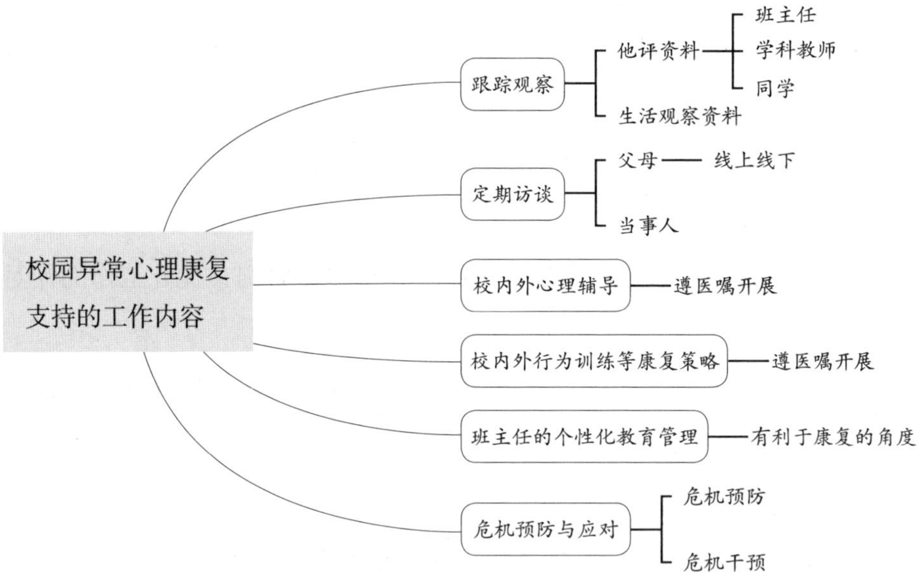

图二十九　校园异常心理康复支持的工作内容

案例情境五十四：

笑笑（化名）是一名中度抑郁症的职高二年级女生。职高一年级因为适应困难休学一年。心理教师了解到，在笑笑复学回来的职高一年级，因为病情的原因很难完成学校作业，上课也常常会非常困倦难以集中注意力学习，因此班主任老师在了解她的需求后，允许她在作业完成度方面降低要求。同时这位女班主任还常常和她谈心交流，让她感到温暖并坚持了在校学习生活。

职高二年级换了一位男班主任，笑笑需要与之重新建立关系，开始出现焦虑和不适，便主动预约心理辅导。因为这名班主任得知笑笑是抑郁症学生，便认为要降低要求，给她多一些自由，处于“放养”状态。但是笑笑明显不适应这样的教育方式。心理教师意识到笑笑的校园康复支持工作需要做些调整，一方面新班主任需要和上一任班主任增加一些沟通，以了解该生的心理特点和日常习惯，另一方面笑笑目前的抑郁症状态有所缓解，她对学习、人际交往等各方面的期待也发生了变化，这需要有新的班级支持策略予以匹配。

于是学校通过研判会的方式对笑笑的康复支持工作进行了方案讨论，形成初步计划：

①继续开展每周一次的心理辅导。

②班主任加强与上一任班主任、家长的沟通，了解学生心理特点和心理需求。

③班主任通过观察与访谈，了解学生自己的需要。

④提供更多的机会让学生重新获得学习与社交的自我价值感。

分析：校内康复支持存在有不稳定因素，学校班主任或心理教师在面对不稳定时，要带领学生一起想办法去重新适应调整。当教师稳定地协助她面对挑战，这对于学生来说也是一次学习应对压力挑战的过程。

2.提升校园康复性支持策略的多样性

营造积极的校园氛围。环境对心理异常学生的康复甚为重要，一个尊重的、平等的、互助的、热情的积极校园文化氛围对该类学生的康复有着极大的抱持性，是康复支持中的无形资产，具有沉浸式的潜移默化的影响力。学校的人文环境、日常管理的理念、培养教育的行为习惯、处事风格等都会影响这个校园中人与人的互动。在积极的校园氛围中，彼此之间不歧视、讲尊重对心理异常学生来说，是特别宝贵的成长环境。因此中小学校应充分通过文化育人、环境育人提升学生心理品质，为心理异常的学生提供一个被涵容、被接纳、被理解的、可以得到滋养与支持的沃土。

提升教师日常教育策略的多样性。面对心理异常学生，越来越多的老师意识到“因材施教”的必要性。需要引起注意的是“因材施教”不是搞特殊化，不是放任，不是无视或歧视，而是促进心理康复。例如，对于一些高功能的自闭症学生来说，他们的一些刻板行为或者情绪失控，应得到老师的理解。同时如果老师能发挥这些孩子的优势，比如一旦达成约定，他们会非常遵守规则，比如有美术天赋的孩子可以为班级黑板报出力等，这样的一些教育引导，不仅能让学生感到被集体接纳，同时孩子也可以增加人际间的良性互动，促进其沟通能力的增强。

很多心理支持工作是可以通过游戏完成的，特别是对小学生来说。小学教师增加游戏类教育可以辅助学生更好地完成心理成长。游戏一般包括竞技类游戏、照顾类游戏、益智类游戏、搭建类游戏和格斗类游戏等，学校老师可以将不同的游戏、体育活动融入日常的教育，让心理异常学生在不同的游戏中完成自我内在认知、情绪、思维等心理品质的训练。我们熟知的竞技类游戏包括一些篮球、羽毛球等运动，都可以帮助多动症、感统失调学生训练感知觉，帮助他们更加定向精准地控制自己的身体。

提升教师的危机识别与应对能力。为做好生命教育工作，保障学生健康成长，危机的预防、识别与干预工作是每一位教师都不能回避的。在与心理异常学生相处的过程中首先要学会与他们相处的方法，减少因为教育不当带来的心理伤害。例如外源性抑郁症学生往往是经历了一系列挫折获得习得性无助，常常感到自卑、没有价值感等，因此在与他们相处时，老师们要能更聚焦、主动反馈你看到的某个具体的优点，某个非常值得肯定的具体进步，提升学生自信；也可以尝试让学生做一些力所能及的班级事务，增加自我价值感；鼓励他们参与集体活动，艺术活动或体育活动，感受到被接纳；同时要避免当众批评等降低其自尊的言行，以免增加其自责。

因而老师们可以和学生、家长一起梳理一份情绪触发点清单，在不同心理疾病阶段尽量避免此阶段的一些高刺激行为，从而维持情绪的稳定。

3.增加家长的教育效能感

提升家长的耐心。陪伴心理异常的孩子是对父母极大的考验。当父母被告知孩子存在心理异常时，如何接纳这个信息是考验；当父母带着孩子开展各种救治，在一段较长的时间里耐受孩子病情的反复、情绪的折磨和行为的偏差是考验；当孩子在学校适应中出现困难、不能融入集体、不能被同伴、老师理解等，如何进行家校沟通是考验；当孩子的异常行为被同伴排斥、被负面评价时，如何积极应对是考验。带领孩子积极就医，寻求健康成长又是父母的义务与爱的体现，不能逃避只能面对……一个个精神考验与现实困难都是挑战。这些考验有时单独存在，有时同时出现，都影响着家庭及学生的救治进展。

案例情境五十五：

六年级的含含（化名）有撕手指甲、手上皮肤的习惯，每当感到焦虑的时候，左手大拇指的手皮会被自己不自觉的剥掉，有时会很疼甚至流血，但也忍不住要这么做。近两个月，含含常常无法入眠，莫名的担心、心慌。这样的精神状态让她已经无法完成作业，经常不能到学校上课。在被诊断为轻度焦虑症后，含含带着医生建议进行心理咨询的处方来到了学校心理辅导室。心理教师通过交流了解到妈妈对含含的教育非常严格，父母对其学习过程要求高，对学习成绩期待高。从3年级开始这个剥手皮的现象就开始了，现在不仅更严重而且还出现了身体的多项不适。含含在交流中认为妈妈的严格是对自己的爱，成绩下降都是自己不够努力导致的。含含说自从医院诊断焦虑症后妈妈比以前温柔了，但是每次考完试她虽然不说批评的话，不过表情和动作都透露出生气和不满意，家里氛围一下子会很不好，这让自己很内疚。于是经过和含含沟通，她同意由心理教师来向妈妈转达她的歉疚，以及她希望妈妈不要对自己失望。

在与妈妈的单独交流中，心理教师同感了妈妈对含含心理疾病及考试成绩的焦虑，同时也看到了妈妈对自己的自责和内疚，认为在教育孩子的路上自己走了弯路，现在很迷茫不知应如何做了。心理教师后续转达了含含对妈妈的话，让妈妈充分感受到孩子的贴心，并希望妈妈能信任含含的努力。通过这次谈话，妈妈认识到自己的情绪不稳定带给孩子的影响，以及应真正学会理解信任孩子，不能总是夸大学业成绩的重要性。后来的心理辅导中含含透露妈妈在家里的笑容变多了，一家人更和睦了。

分析：学校老师在进行家校合作的过程中要充分理解家长的困难、无助甚至是阻抗，一定要给予家长足够的支持，帮助他们能够有更多的耐心去接纳孩子的问题，以更稳定的情绪去协助孩子的成长。这样的支持包括：提供更多救助的途径与资讯、耐心的倾听他们、主动报告学生在学校的一些表现、为学生提供更有效的康复支持及告诉他们孩子需要他们改变的地方等。

提升家长的应对能力。通过父母谈话、家庭治疗或父母教育，要让家长首先提升情绪管理能力。心理异常学生常常容易陷入情绪的失控甚至崩溃，如果父母不能识别孩子传递的情绪信号，反而是被激惹得很烦躁，那么势必容易引发情绪对立，行为对抗等。因此家长要学会识别并理解孩子的情绪，设身处地地接纳孩子情绪的痛苦事实，以更具有同理心的表达来稳定自己，也能稳住孩子。

其次要提升家长的心理健康水平，以更积极健康的心理状态去帮助孩子的成长，否则就容易引发父母自身能量的耗竭以及负面情绪的相互影响。

案例情境五十六：

初三学生辰辰（化名）半年前在医院诊断为青春期情绪障碍，一边服药一边上学，医生建议辅助心理辅导。她在学校常常苦恼于面对学业挫折及人际关系问题缺少弹性应对方法。在新冠疫情大流行期间感到病情加重，便选择与学校心理教师通过线上心理辅导的方式开展辅导。辰辰向心理教师抱怨了妈妈对自己的负面影响。她告诉老师妈妈一年前因为离婚也患上抑郁症，情绪状态不稳定，容易向自己发火。在家里感觉到自己要更多呵护妈妈情绪，要照顾妈妈生活，感到很有压力。因疫情居家学习期间，两人常常陷入情绪漩涡，非常痛苦。

分析：每一个人都会因不同的境遇产生不同的心理状态。心理亚健康或心理异常的成年人如果本身就不能得到很好的照顾，同时还要承担照料心理异常孩子的责任，那就太无力了。因此，作为家长要更加有意识地提升自身心理健康水平，一方面会有助于改善自己的生活品质，另一方面会更加有能量去承担孩子的负面情绪，更加有智慧地去处理孩子的现实困境。案例情境五十六中的母亲本人就需要外界的支持和帮助，因此，“校-家-医协同”的心育工作，其实还需要社会其他机构的支持与帮助，只有在社会大环境的支持下，“校-家-医协同”的心育工作才能得到更好地开展。

三、案例示范与分析

（一）案例简述[①]

本章讨论心理异常中小学生的转介与康复支持，前两节以介绍工作流程和针对性案例解析的方式开展了叙述，本节以一个完整的小学生“校-家-医协同”心理辅导的工作案例为例，呈现入学适应困难小学生的转介与康复支持的过程。在本案中，小鹏（化名）在小学入学适应期出现了学习适应性困难和社会适应性困难，并表现出愤怒和攻击行为，通过医院转介排除了“多动症”，但有较大的情绪困扰，医生建议心理辅导。小鹏妈妈在全职妈妈角色的适应期中也出现了情绪困扰，并把一个遇到适应问题的孩子等同于“问题孩子”进行应对，对自己、孩子和家人都充满了愤怒与指责。本案例从萨提亚家庭治疗的视角开展心理辅导工作，让亲子双方在情绪管理及亲子关系上有所改善，从而提升双方的自我价值感和自尊水平，最终促进小鹏的小学适应。

（二）工作流程

1.“问题产品”的诞生——发现

小鹏，一个胖嘟嘟的一年级男生。还有三个月即将升入二年级。入学伊始便发现他脾气很大。不论是在家还是在学校都不能接受被拒绝、被否定，否则会不分场合大喊大闹，推打同学，扰乱教室秩序，在家推打妈妈的行为也时有发生。在学习方面，小鹏学习动力不足，觉得学校的各项要求让自己很不舒服而不愿意上学、写作业凭兴趣，想写才写，成绩非常糟糕。

① 张燕：《案例一“问题产品”转化记》，载《江苏教育》2018年第72期。

妈妈，40岁左右，三个月前（一年级寒假）辞职在家照顾儿子。辞职前，孩子由爷爷奶奶照顾，因为孩子入学后出现各种问题，爷爷奶奶便把“问题产品”交还给自己。丈夫工作太忙，长期出差不在家，常常感到委屈、无助、愤怒，对家人充满指责。

2.“产品”问题的来源——评估与转介

小鹏被学校班主任转介给心理教师后，心理教师在校内收集了多项信息，对小鹏的行为和情绪有了部分了解，建议家长带孩子去医院检查，排除是否存在多动等心理异常的情况。在心理医生的诊断中，认为小鹏没有出现心理异常，建议改善家庭教育并进行心理辅导。小鹏妈妈便预约了区域公益机构的心理辅导。

在本案中，小鹏在小学入学适应期中出现了学习适应性困难和社会适应性困难，并表现出愤怒和攻击行为。对于自己各方面的表现，小鹏指责妈妈说：“我这样都是被妈妈逼的”；小鹏妈妈的工作主体从职场改换到家庭也需要一个适应期，于是亲子双方在各自的适应期里，在情绪表达、沟通姿态中都形成平行关系：亲子双方彼此愤怒指责，易发脾气。

在关于适应性的研究中，拒绝是痛苦和挫折的来源，对自我产生威胁，从而导致个体表现出愤怒和攻击行为。张向奎通过研究发现，提高小学生的自尊水平，攻击行为会减少，会提升适应性。因此，心理辅导老师从萨提亚家庭治疗的视角开展工作，让亲子双方在情绪管理及亲子关系上有所改善，从而提升双方的自我价值感和自尊水平，最终促进小鹏的小学适应。

3.转化“问题”的过程

（1）首次访谈：认可自我

在第一次访谈中，首先通过摄入性谈话，倾听了解来访者家庭基本情况，及母子各自的主诉问题；观察亲子的互动，了解沟通姿态。

其次我们通过找例外的方式，让亲子双方认同自己已有的努力和进步。比如妈妈谈到辞职后这三个月来，孩子开始会贴心地帮她做家务小事，学习成绩也有一点的进步，并告诉辅导老师，这些进步来源于自己开始能慢慢控制自己脾气，尽量不打孩子。

小鹏则谈到妈妈辞职后，如果自己好好写作业，不打架，妈妈就不会发火，妈妈不发火的时候对自己特别好，他喜欢妈妈不发火。

引导亲子双方认可自己的努力，相信自己会越来越好。随后我们制定了咨询目标：①通过学会欣赏、减少指责和增加信任来改善亲子关系；②学习表里如一的沟通姿态，积极面对冲突。

（2）第二次访谈：说出期待

本次访谈中，首先倾听了解到上周二音乐课小鹏和同学发生冲突，被老师批评了。妈妈被这个突发事件及自己粗暴的处理方式再度自责。

后续辅导中，心理教师有意继续寻找问题之外的故事，并让亲子双方从这些令人愉悦的经验中总结自己的好做法：

①能主动控制一下情绪，不轻易发火；

②和班主任积极沟通，让老师理解小鹏；

③小鹏大部分时候是稳定的，没有闯祸的。

强烈指责的背后是高期待。为了减少指责心理教师让他们说一说对彼此的认识和期待。互动一是说出对方的10个特点。妈妈说得很快，优点为主。但是小鹏却说出了妈妈10个缺点，几乎都和打人、骗人有关。互动二是说出对对方的期待。妈妈说到了对小鹏的期待是成为“完美孩子”，小鹏对妈妈的期待是不打人、不骗人、说到做到。可见在妈妈的教育中，急躁的、粗暴的、高要求的管教及不遵守承诺的做法给孩子留下深刻印象。

在本次工作中，母子双方形成新的认知，妈妈对儿子的强烈指责有种顿悟后瞬间的释然，增加了对自己言行的反思。亲子间的依恋关系开始向信任对方、接纳对方的方向发展。

（3）第三次访谈：沟通示范

本次访谈在一个剧烈的冲突中开始。母子迟到，进辅导室后，小鹏继续发脾气，并捶打妈妈，然后开始丢书、打滚。原因是两周前就想买一个玩具一直都被妈妈拒绝了，虽然今天妈妈同意购买，但由于要迟到了，又被妈妈拒绝了，所以有了刚刚的一幕。

这是一个绝佳的改变契机，心理教师打算和母子一起应对这个冲突，找到更好的解决方式。心理教师让母子就刚刚的冲突进行沟通。同时大家一起梳理发现：小鹏常常在不被理解、被拒绝、被强迫的情况下发脾气；小鹏发脾气时，妈妈因觉得“丢面子”，常立即以指责、讲道理的方式应对；小鹏并没有学习到如何应对被拒绝。

最后心理教师以示范的方式，和孩子进行沟通：

①刚刚没有买到说好要买的书，心里很愤怒对吗?

②如果说好的事情突然变卦了，我们除了发脾气外，还有什么别的表达方式?

③如果想要买书，还有机会吗？你会怎么和妈妈商量呢?

本次访谈后，亲子双方开始着手“觉察”“理解”“接纳”愤怒的情绪，妈妈开始从孩子的成长需求出发指导小鹏应对问题，而非指责小鹏不应该愤怒。表里如一的沟通姿态开始萌芽。心理教师也开始鼓励妈妈向小鹏父亲求助和沟通。

4.“产品”新形象的萌发

五一假期后，母子俩再次来到咨询室，但这次是他们“预谋”而来，带着提前写好的感谢卡，准备要和心理教师结案。妈妈分享了家庭成员的新变化：

（1）妈妈开始呈现表里一致型沟通姿态。

站在孩子的角度陪孩子一起面对问题：五一节的前一周，小鹏几乎每天都会在学校和同学爆发一次喊叫或者推打事件。心理教师询问了妈妈的处理方式，妈妈说自己不再轻易指责儿子，而是先听他的解释，然后讨论下次遇到相同的情况可以怎么做。母子没有因为学校问题引发家庭冲突。

试着说出自己的需要，而不是指责：五一假期期间，一家三口来了一次说走就走的杭州5日游。妈妈惊喜地发现当自己向丈夫说出自己的想法和需要时，是能得到理解和支持的，她自己也重新找到了夫妻沟通的方法。

（2）小鹏自我价值感、自尊水平与自我管理能力得到了提高。

妈妈反馈孩子在旅游期间没有发脾气，在往返的高铁上，基本都做到了全程安静看书，不乱说话，完全没有了过去容易高声喊叫和推打他人的行为。假期后的一周，小鹏在学校没有发脾气，没有被同学投诉，能主动开始写作业。

（3）亲子互动开始呈现开放性。

当妈妈和心理教师交流时，孩子安静的一个人在边上玩，虽然有时会在地上躺着，但是妈妈不再用愤怒的眼光盯着孩子，也没有用言语或非言语的方式直接干涉，亲子间有了空间。

结束时，心理教师想进一步巩固妈妈的积极改变，询问妈妈自己是如何做到的？妈妈表示今后自己会更多陪伴孩子，和他一起面对问题；会更理解欣赏丈夫的付出，学会表达自己的需要；希望自己和儿子更亲密，弥补儿时的缺席……

萨提亚说：“问题本身不是问题，如何应对问题才是问题。”母子两人在4次心理辅导历程里已经发现到“问题产品”本身不是问题，真正的问题是如何修复关系一起应对“产品”遇到的问题，于是治愈就开始了。

（三）案例反思

在本章节撰写此案例也是想表达要防患于未然。积极的预防也是“校-家-医协同”心育工作的重要路径。本案例来访学生虽被同学和老师强烈地感受到异常，但却没有“心理异常”的诊断，属于心理正常状态，不过却出现了需要及时改善的情绪行为问题。因为学校老师的及时转介，包括班主任转介心理教师，心理教师转介医院，心理教师转介校外教育部门公益心理辅导机构，让妈妈得到了和孩子一起面对“问题”行为的机会，防止问题变得更加严重。在心理辅导期间，家长的心理支持、主动改善成为学生情绪行为转变的关键。

第五章　中小学“校-家-医协同”心育工作的挑战与突破

在学校工作中，针对中小学生心理异常群体的工作存在着客观的困难，因为这类群体的心理异常问题通常具有隐匿性、危险性、多样性、疗程长等特点，同时，对他们的救助也常需要多部门协同，跨系统联合，故而“校-家-医协同”心育工作模式的重点就在于如何突破现有难点、困境，完成新模式系统路径的建构。为了实现这一目的，需要通过建立多维度的心理支持方式，探索医疗、教育、家庭同心协力，全方位提升学生、家长及教师群体的心理健康素养，更好地呵护未成年人心理健康，从而构建心理异常未成年人康复的支持网络。

在“校-家-医协同”心育工作路径研究和探索中，遇到了一些现实性、难以跨越的挑战，这其中包括个体、群体乃至社会的共性问题，需要整个教育系统和社会联盟长期的关注才有改变的可能。比如：在家校发现与评估环节，有些老师把少数学生的个性化表现与心理异常画等号；在实际协同操作中，涉及未成年人心理异常的保密、解密等伦理要求缺少规范标准。其中涉及专业性的难点有：教育评估不能代替医学诊断，心理辅导中能做什么不能做什么，涉及保密伦理的有解密范围问题，具体在关于病情的告知对象的范围、心理异常学生缺少家庭支持资源如何协助社会联动机制展开心理关怀等。这些既是挑战，也是工作价值的增长点，如果能突破这些难点，可以大幅度提高协同工作的有效性。（具体见图三十）

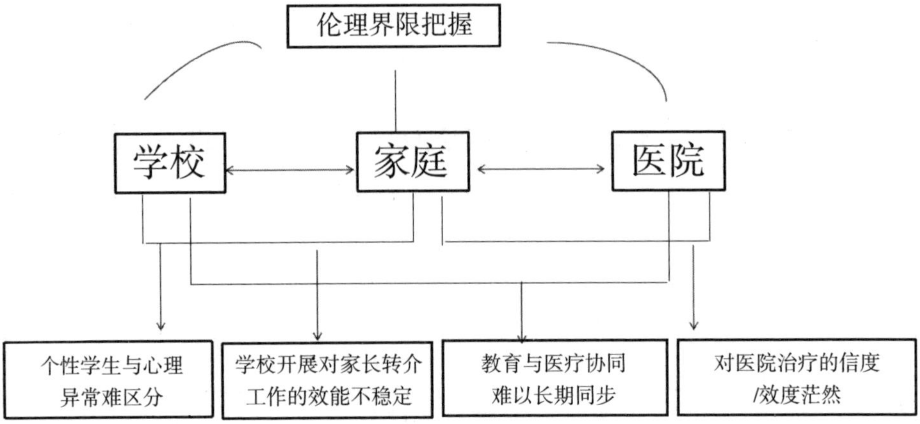

图三十　协同工作难点

一、家校协同中的困难境遇

相对而言，家校协同的起步较早，在具体工作中存在不少前人的经验可以借鉴。学校协同的人群常常有班主任、课任教师、心理教师、学校领导和部分班级同学，家庭中与学校联系、协同最主要的是父母，另外少量的学生是由祖父母、外祖父母联系，极个别的情况下也会遇到叔伯姑姨等亲戚充当联系人。他们在身份角色、心理健康素养及处理问题的模式和方法上都有着很大的差异性，给家校协同工作带来了很多的不确定性。并且学校人群彼此之间、家庭成员之间也都各自存在着协同的难题，这就使得整个的家校协同内容和进展等方面恒常性不足。本文主要从两个方面对家校协同的困境进行阐述。

（一）学校人群对个性学生与心理异常学生难区分

当我们进行教师群体的指导宣讲工作时，有个普遍性的问题出现了，这对很多人来说是个挑战。班主任教师会把极具个性化难以用普通方法进行教育的学生、一般心理问题的学生和疑似心理异常的学生混淆在一起，这就让重点关注和需要心理评估的人群数量剧增。这一问题在给家长群体和班主任教师带来困惑的同时，也给心理教师评估鉴别的专业胜任力提出了更高的要求。让我们从一个案例分析入手，理解这一难点的挑战。

案例情境五十七

心理教师在征集各班心理异常倾向重点人群名单的时候，初二（4）班的班主任李老师上报了班级的A、B、C三个学生，觉得都有心理异常倾向，需要心理教师进行校内评估。李老师跟心理教师还仔细说了他们的家庭背景、班级表现、主要问题和帮教困难的过程。接到名单后，心理教师通过与家庭、学生访谈，了解更多的客观情况。

让我们以案例五十七中三位同学的评估为例，用已发现的同一行为进行对比鉴别，来了解一下学校教师常易混淆的三类性质不同的学生群体。详见表十三“案例分析学生问题行为分类评估”。

表十三　案例分析学生问题行为分类评估

行为	对象	认知	情绪	自知力	人际反馈	可能的评估
不按时交作业	A学生	我有自己的学习节奏；题目难不想写；老师会对我不满，但是我不在意，走我自己的路；我对老师有意见，通过这个行为，让他知道我的不满并让他主动找我。	较稳定	清晰	有他自己的人际交往核心小圈子，别人难以融入；思辨能力强、执拗、难以说服。	个性鲜明
	B学生	我知道这样做不对；老师可能会批评我，但是我没有心情完成作业；我的情绪好了才能去做事，我无法兼顾；希望有人能跟我谈谈。	担心、郁闷、不开心……	有	最近一个月内发生了好几件他难以应对的事情，注意力不集中，情绪低落、神情恍惚、做事低效。	正常范围内的一般心理问题

行为	对象	认知	情绪	自知力	人际反馈	可能的评估
	C学生	近两个月来我不知道自己在干什么？我不能控制自己、有时知道自己应该做作业但是指挥不了自己的行动，我想找人帮我改变现状，但是又觉得没有什么希望。	抑郁、焦虑、恐惧……	不确定	感觉怪怪的；不知道怎么跟他相处；太不稳定，别人说的话他会完全听不到并且跟别人说的事情缺少逻辑和难以想象。	疑似心理异常，需要进一步鉴别

突破思考：班主任教师出现混淆不清的主要原因是极具个性的学生言行常常与大多数人的价值观、交往规则等有所不同，不按常理出牌是他们的常态，这与心理异常中的言行不同寻常有相似之处，容易让人产生误解。“个性”是个让人爱恨交加的词。个性学生言行举止上彰显出来的两极化和复杂性特点，使得他们优缺点同样鲜明，需要不同寻常的方法来教育指导他们。大家对个性学生最常见的认知是与众不同、不服从权威、特立独行、不合群、灵活创新、敏感、被关注较多等方面，导致大众对他们言行的不理解，而这也与心理问题或者心理异常的学生有时因知情行不一致而导致的异常言行，给人带来相似的感觉。

在实际工作中，这一情况在很长一段时间内都会存在。因为大众的心理健康素养即使提高，也很难鉴别和评估到能精准甄别的程度。笔者认为个性学生心理上至少有以下三大特点：追寻自我价值的需要、高尊严需求和遵守本心自由的需求。此时心理辅导教师可以分享一些个性学生常见心理需求给班主任教师，以帮助他们提高认知，提升教育个性化学生的效能，进而提高心理异常学生的鉴别能力。因为无论是班主任还是学生群体，都存在个体差异性问题，因此这项工作的难度将一直存在，可以作为本路径研究中的一个常项。

（二）学校开展对家长转介工作的效能不稳定

个体具有差异性，每个家庭也是各具特点。转介成效的重要影响因素主要有教师和家长双方的心理健康素养、沟通表达方式和本人心理状态。这些因素因人而异，呈现出多层次、不稳定等现象，直接影响转介工作的顺利开展。

1.家庭的问题

从家庭心理教育的视角看，一个有问题的未成年人，其背后的家庭常常存在需要改善的问题。但并非所有问题都能被改善，比如遗传性的精神疾病。心理异常产生既有先天生理性的遗传因素，也有后天生活境遇和教育等方面的问题。在家族中我们经常会问及父母双方三代之内是否有精神异常的成员，这对于中小学生心理异常的发端溯源是很重要的循证依据，也是后期医学治疗中方案制定的重要考量因素。如果父母双方有一方有家族遗传史，或者父母本人就有心理异常诊断，则教师在与他们讨论孩子的转介问题时，家长本人的认知、情感和行为可能就处于不一致性的状态，在这种情况下，即使家庭中还有另外一位心理处于健康状态的家长，也使得转介工作异常艰难。

案例情境五十八

心理教师和班主任约高二男生小铭（化名）的父母到学校心理辅导室沟通，教师们说了他在学校的言行和初步评估，希望家长能带他到正规医院心理科进行医学诊断。班主任介绍说：“只要有标注3这个数字的页码他都要折一下，一开始只有数学书会这样，现在发展到所有书和习题册也要这样，上课无法听讲，就是在检查是不是折好了。老师一提醒他，他就会情绪激动地说自己没有影响其他人上课，因此他的人际关系和成绩都受到了影响。”心理教师表示在跟小铭的沟通中，他明确表达自己也对折数字3页码的行为很苦恼，但是实在控制不住。他的行为影响了生活和学习，是否达到了异常标准还需要医院进行专业诊断。小铭的父母听完后，两人相视一眼，陷入了沉默。一个月后小铭在学校跟老师说，听不懂课，觉得压力很大，不想上学了。心理教师与父亲电话沟通了解就医诊断情况，父亲说还没有去。并且透露出孩子母亲有抑郁症，一直断续发作，没想到儿子也有情绪障碍的可能。最近这一个月母亲情绪低落，在服药中，夫妻两人都不想带孩子去医院诊断。觉得不去医院做诊断，还能保留点孩子没有心理异常的希望。

在本案例中，由于一名家长本身就患有心理疾病，使得家长内心无法接受自己的孩子有很大可能存在心理异常这一现实，没有在第一时间进行就医诊断，而是寄希望于不去医院就不会有病这一幻想中，这其实是一种逃避现实的表现。逃避现实是一种常见的心理防御，也是一种自我保护，虽然能够理解到父母的无奈、悲伤和难过，甚至有点绝望的感受，然而这确实会耽误对未成年人的救助，加重病情，阻碍了转介工作的顺利开展。

2.病耻感带来的阻碍

病耻感一般是指在医学领域中某些疾病，比如艾滋病、精神疾病患者所表现的一种负性情绪体验。一般认为自我病耻感是由社会病耻感引起。比如，社会人群中会有一些人持有“精神病是一种不好的病、这种病人主要是因为自己缺乏毅力，不肯负责任、为懒惰找了个生病的理由……”的社会刻板印象和偏见，在行为上体现为远离得了精神疾病的人。个体也会出现“如果我得了精神疾病，这是我无能的表现，这很丢人，也说明我自己不够好”的负性认知。在学校心理中心，有母亲跟心理教师说：“每次带孩子到脑科医院就诊，跟单位请假的时候，我总是以她肠胃有问题为借口，就怕别人知道后戴着有色眼镜看我和孩子。”这就是心理问题被污名化后，给个体带来的巨大压力，会严重降低积极就医诊断和治疗的内驱力。其实精神疾病去污名化的工作早已开展，我国已经把精神病翻译名改名为思觉失调症，其他地区和国家也有更名之举。但是这些还远远不够，整个社会对此的态度改变还需要全民心理健康素养的提升才能有更大幅度的改善。

3.学校教师的专业胜任力不足

转介工作的核心就是沟通，沟通的效能是双方共同作用的结果。在转介工作中，与家长的沟通常由学校教师主动发起，有些学校没有专职心理教师，这项工作是兼职心理教师甚至直接由班主任完成，使得专业性的保障受到影响。即使有专职教师的学校，其专业胜任力也具有差异性，给这项工作带来了极大的不稳定性。

案例情境五十九

有三年教育工作经验的三（3）班班主任李老师，跟同事抱怨与本班学生丽丽（化名）家长的谈话不顺利，不知道该怎么谈才有效。原来她发现丽丽在课堂上不能发言，与同学也无法交流，这种情况是从二年级开始，逐渐加重，跟家长也反映过多次，学校老师也尽量给丽丽创造安全感，效果不佳。从上周开始，李老师发现丽丽课堂上一次都不能发言，嘴巴张开了也只有“啊”等声音，李老师觉得孩子可能有心理问题，并且已经超出了学校老师的教育能力范围。于是李老师跟家长在学校面谈，建议家长带孩子到医院进行一些检查和诊断。丽丽父母否定了老师的提议，说孩子在家跟他们讲话、朗读课文，甚至跟着动画片唱歌都没有问题，在外确实存在着少言少语的现象，但是这是女孩子的胆小等性格特点，不是疾病和问题。

突破性思考：李老师对丽丽的行为异常有一定敏感度，但是无论是老师还是家长对于儿童选择性缄默这类心理障碍都缺少常识，因此在转介沟通时出现了因为知识缺乏导致的沟通不畅。要有效地完成此项工作，最好是学校有专职心理教师的指导，另外全体教师参与心理异常科普知识的培训也是重要支持。班主任在谈话前最好能像上课前一样，备备课，查阅一些资料信息，或者拨打本地区的教育心理辅导机构的公益热线咨询，比如南京市中小学生心理援助中心的24小时心理热线025-96111，专业平台的心理工作者可以给予教师们更多的支持与帮助。

转介工作中具体需要哪些专业胜任力呢？首先是教师要有与家庭开展心理辅导的能力，这其中需要心理辅导教师本人在人性观、谈话技巧、共情能力等专业素养具有一定的水平，在这一基础上还需要知道医学心理治疗中就诊、治疗及康复的基本流程、未成年人心理异常治疗中的家校合作中的关键点、伦理保密与解密的范围等方面的知识与实践相结合的经验等。

二、家校与医院协同中的纠结

相较于家庭和学校而言，医院是一个独立的体系。大众对医院的了解，常常基于自己和周围亲朋的就医体验，几乎所有人都有过到医院去看病的经历，也了解就医最简单的基本流程是挂号、看诊、检查及开药等。关于疗效问题的认识和经验，一般性的感冒等疾病，因为已经有足够多的治疗经验，并开发出了多种针对性药物，其有效性已经得到检验，大众对疗效反馈还是不错的。但是其他疾病则呈现出较大的个体差异性，并且对不同医院和医生的信任度也不尽相同。

家校对医院心理治疗流程普遍具有陌生感，影响协同工作的顺利开展。心理异常的发生率与人们普遍常患的感冒病症相比，其概率还是很低的，老师和家长对该类疾病以及对分类更精细、治疗方法和检查手段更多维的脑科医院或综合性医院的精神科、心理科，既缺乏就医体验也缺乏治疗过程和疗效等方面的认识，更不清楚在精神疾病的治疗和康复过程中，家庭及心理辅导所形成的工作联盟对治疗全过程的重要作用，这会极大地影响三方的协同工作。因此对学校和家庭进行心理异常医学科普需要建立制度化的宣讲机制。而这项制度的建立仅仅依靠学校是不够的，还需要各级教育、社区、妇联和卫健委等行政机构协同牵头。目前这项工作有推进，但是还处于磨合期，尚不能顺畅地助力该项协同工作。

（一）家长对医院的疗效持怀疑态度影响协同工作

家长对该类病症需要长期治疗的心理准备不足，对心理异常的种类和治疗方案的多元化不了解。其实医生也需要在治疗过程中，通过患者的个体感受、药敏反映状态、周围群体的反馈以及各种检测，不断调整方案包括药物组合，才能找寻到适合心理异常学生的个性化治疗方案。这一过程虽然在科学和经验的指导下可以有序开展，但是有时也会需要更多的时间来完成，这种状况就会造成家长对医院、医生治疗信任度的减少甚至丧失。

1.家校协同工作呈现滞塞点

药效的不确定性带来怀疑和不信任感。我们来看看有位家长的陈述："我们按照医院的要求，每天督促孩子按时服药，并且听了医生们的劝告，对孩子不按时起床、不打理个人卫生等行为也不再骂他了，但是两周过去了还是没有什么好转，我们又着急又觉得这个效果让人怀疑，跟医生反馈了药效不好的情况，医生说再服用一段时间看看，如果还是没有明显改变，再考虑换药。"

心理异常中小学生在就医过程中有些共性的困扰，比如因为身体处于迅速发育时期，导致心理状态变化较大，这对于医生药物的用量和增减都是挑战，而且医院心理科专家门诊一号难求的情况也时有发生，家庭带孩子就医需要鼓足勇气，跨过了自己的内在阻抗关卡后，门诊中医生对孩子看诊的时间很短，也是导致家庭对医疗不够信任的现状之一。在"校-家-医协同"心育工作中需要关注到这一现实。

突破性思考：就心理异常的药物治疗而言，才服用两周时间就评估药效显得仓促了。对于服药治疗的心理异常学生，需要有一个基本服药时长才能看到药物是否有作用，而这个时长不像感冒药一样，可以在2—3天就能看到效果，即使是首发的急性期一般也需要2—4周才能起效，而见效则需要更长的时间，如果是复发的心理异常则要准备更长的时间与之工作。今天的医学能力，还没有找到可以精准、高效地针对每个不同个体心理异常的快捷治疗方式，这也是不争的事实。即使在针对性的宣教中，让家长们做好该类病症需要长期治疗的思想准备，但是当家庭遇到药敏反映不佳、副作用明显、需要调整治疗方案时，还是会出现失望、担忧及不信任等一系列的情绪和想法。

不清楚该如何与医院开展具体的协同工作。我们有时称心理异常为神经系统得了“感冒”“骨折”，但就其治疗而言，不论是方案还是疗程远比治疗感冒、骨折要复杂得多。一些学校的专职心理教师们，由于大多是教育心理学的专业背景，缺少求学期间在医院精神科和心理科实习的经历，故而对于医院心理治疗的过程与内容也是茫然，就更难指导需要帮助的该类家长群体了。

缺乏对于心理异常需要系统长程治疗的意识和准备。家校在这一问题上其实还有个共同的误区，那就是：既然进行了医院治疗就应该很快有好转，家校配合会有利于学生患者的康复，但是跟医院的作用相比并不重要。由此可见家校两个重要的子系统，虽然也知道需要配合，但是既不清楚自己的配合在治疗和康复中占据的地位如何，对治疗效果和愈后有着哪些影响？也不清楚家校需要如何配合医院开展协同治疗的具体工作。

2.家庭内部的协同这一最重要的核心不稳定

让家庭成为孩子康复的温床，是最好的协同行为。我们再以感冒的辅助康复方式来列举。当你得了感冒后，即使服药治疗，也只能治疗一部分的症状，医生都会告诉你，多喝水、适当休息，匹配适当的饮食，这样可以更好的调适自身状态，提高免疫力，康复才更快。以此类比对心理异常状态的康复治疗中，适当的运动，再加上家庭的协同就相当于让病患学生有温暖、安全和舒适的休养生息之地。这样可以帮助受损的神经系统在安全的氛围中慢慢修复。

不同的家庭在协助孩子康复的过程中呈现出极大的差异性。有些父母在孩子出现心理异常后或接受心理辅导后，就开始从自己寻找改变的切入点，调整家庭关系，对孩子的支持不断增加，发挥着家庭温床的积极作用，滋养着孩子的精神康复。也有些父母本人无法面对孩子的疾病状态，自己也处于心理异常的边缘，不仅无法支持孩子康复，自己也需要他人救治；有些家庭到处寻找各种资源帮助，但是在众多的资源中无法做出最适合自己孩子救治的资源，始终处于矛盾、纠结中，孩子时常处于焦灼状态；更有极少数父母相互指责对方没有养育好孩子，家庭矛盾激化甚至婚姻解体。这些家庭的变化情况，对孩子的治疗效果起到了相反的作用，导致孩子的康复过程被拉长。

（二）学校教育与医学治疗协同难以调频共振

医院治疗与学校教育协同环节有校转医、医转校和与家庭开展工作这三个重要的节点，他们都要依托评估来完成。正是因此，也使得难点尽显。对医疗和教育双方来说都是需要在科学机制框架下，才能花费最少的时间和精力共同完成工作。让我们从一个学校心理辅导常见工作情境来了解。

案例情境六十（其一）

在区域心理健康教育辅导中心的案例团体督导活动中，某小学专职心理教师介绍了案例基本情况：学校心理辅导对象是三（1）班的乒乒（化名），他的情绪失控状态较多、心理辅导低效，经多方评估后跟家长沟通转介医院，确诊为注意力缺陷多动障碍（中度）。家长到学校心理辅导室要求教师继续给孩子进行辅导，并说这是医生的建议。心理教师看到医生处方的核心部分写着：1.解释；2.情绪极度不稳时可用药物；3.建议辅助心理咨询。家长抱怨，学校让我们去医院，医院又让我们找学校，到底谁管我们，为什么让我们这样跑来跑去。

心理教师提出的案例督导目标是：我们心理辅导低效转介医院的个案，现在医院确诊后又转回来了，哪些属于心理辅导可以做的？哪些是不能做的？如何提高辅导效能？

突破性思考：此处最大的挑战是心理教师才让家长转介给医院诊断，现在医院又转回学校，给家长带来的困惑是：医校之间到底怎么分工协同帮我们？

中华人民共和国精神卫生法（2018修正）第二十三条：心理咨询人员不得从事心理治疗或者精神障碍的诊断、治疗。心理咨询人员发现接受咨询的人员可能患有精神障碍的，应当建议其到符合本法规定的医疗机构就诊。学校心理教师发现了兵兵可能存在知情行难以协调一致的异常情况，建议孩子在监护人陪同下进行医学诊断，这是合法的行为。能不能做心理辅导，既需要遵守法律要求，也需要结合医嘱。注意力缺陷多动障碍是儿童时期常见的一类心理障碍性疾病，不属于精神障碍，它的发生与神经发育程度相关，也与家庭、学习和人际环境密切相关，针对情况的严重程度，干预治疗的方案有差异性。因此该校心理教师在医嘱明确写出建议心理咨询的前提下，是可以对兵兵开展心理辅导的。如何提高辅导的有效性，是专业能力和发展性的问题。比如在心理辅导方案的设计上，全体家庭成员沟通、协商共同工作，指导家长理解孩子过去的问题行为，是障碍表现出来的症状，减少对孩子粗暴的指责，看到受到症状控制的孩子的不容易，增加父母家庭教育的耐心，为孩子矫正行为，促进发育奠定家庭安全、温馨的环境，协助家长与孩子一起度过成长中的这一困难时期。

这一难点的突破在现实层面需要有至少两个方面的突破才能有所改进。

一是与心理教师专业胜任力相关。

案例情境六十（其二）

督导师：通过刚才的个案概念化，还有团体成员提出对兵兵进一步开展心理辅导可以考虑与家庭一起工作等思路，你自己有哪些想法？

心理教师：我可以跟家长进行教育谈话，但是没有学习过家庭辅导，缺少跟家庭一起工作的专业技能。我觉得通过今天的督导，我发现自己可以跟兵兵继续做个体辅导，当他情绪激动失控的时候，陪伴和安抚他是可以做到的，但是与家庭沟通我目前胜任力不够。想转介到区域教育部门公益心理辅导机构，那边的心理教师有很多家庭辅导工作的经验。

分析：不少学校目前还没有专职心理教师，即使有专职教师也需要大量的心理辅导的实践和督导培训，但是学生的心理异常情况不会等待我们教师培训好了再发生，因此可以考虑在教育系统内的三级心理辅导机构之间建立起协同支持机制。心理教师提出在教育系统内对家庭辅导进行转介，是基于自己的现实能力和家庭需求的、切实可行的做法。

二是教师与医生专业沟通渠道不畅。

案例情境六十（其三）

督导师：对于小兵的心理辅导，你还有哪些需要帮助的方面？

心理教师：我对他的医学治疗和心理辅导之间怎么协同，总是不确定。情绪失控的时候，他听不到也看不到其他任何人和东西。有一次他的拳头打到了墙上，手都破了，蹭破了皮出血了，身体安全都不能保障，这时我觉得无法开展心理辅导。也许医院的镇定药物能帮到他。

督导师：所以你是知道医学治疗、心理辅导和体育运动为核心的三方面联合支持是帮助兵兵最佳的协同治疗方式，是吗？只是对于在他难以预测的波动状态下，有时医疗在前，有时心理辅导在前，这样的弹性你难以有精准的把握？（如图三十一）

图三十一　医学治疗、心理辅导和体育运动三种支持方式联合

心理教师：是的，一方面确实需要协同，另一方面我需要医学的相关症状的知识帮我更多的理解这类学生。我还需要专业的学习，特别是医生能给我们讲讲，但是我找不到。

这就是机制建设滞后而导致的现象。教育行政机构与医疗机构，需要由一个具体的部门牵头，不能仅仅由科研项目来链接。心理教师在辅导工作中其实会不断受到自己教育心理学专业的限制，对超出他能力范围的知情行状态缺少医学知识支撑，导致对学生不自觉的产生批判的态度，这就可能影响到咨访双方的关系，不能及时精准共情。

三、贯穿协同工作始终的伦理议题

伦理是行业的规范，与法律和道德有相关性，心理咨询人员应遵守专业伦理的要求，其目的是引导和激励专业人员更好地提升服务品质。中国心理学会临床心理学注册工作委员会伦理修订工作组、标准制定工作组，在2018年发布的《中国心理学会临床与咨询心理学工作伦理守则》（第二版）总则的部分，明确提出善行、责任、诚信、尊重和公正五大基本精神。①在中小学校心理辅导当中，坚持心理咨询行业的专业伦理，同时又要兼顾到未成年人的心理特点，这既体现出贯彻和落实中小学“校-家-医协同”心育工作的重要性，又为这项工作的开展增添了难度。正如美国资深心理辅导专家Theodore所说：“与在其他环境中工作的心理咨询师相比较，中小学心理辅导员会面临更多的伦理困境，因为他们的来访者是未成年人，他们需要对多方面负责，包括学生、学生的父

① 《中国心理学会临床与咨询心理学工作伦理守则》（第二版），载《心理学报》2018年第11期。《守则》分为总则和专业关系、知情同意、隐私和保密性、专业胜任力和专业责任、心理测量与评估、教学培训和督导、研究与发表、远程专业工作（网络/电话咨询）、媒体沟通与合作、伦理问题处理十个章节。

母或监护人、教师以及学校的管理者。”①

（一）基于未成年人特点而遭遇的伦理挑战

1.在保密和解密的拉锯之间遵守伦理

无论是教育心理，还是医学心理抑或是社会心理工作者，都知晓需要尊重咨询人员的个人隐私并为其保守秘密，在保密例外时才能在一定范围内解密。面对心理异常的学生保密和解密的实际工作对相关群体都具有难度。

> 保密例外
>
> （1）心理师发现寻求专业服务者有伤害自身或他人的严重危险；
>
> （2）不具备完全民事行为能力的未成年人等受到性侵犯或虐待；
>
> （3）法律规定需要披露的其他情况。
>
> ——《中国心理学会临床与咨询心理学工作伦理守则（第二版）》

案例情境六十一（其一）

数学老师：你们班的小强，最近三天都没来上学，他怎么啦？

班主任：他生病了。

数学老师：生什么病呀？三天都没有好？

班主任：……

案例情境六十一（其二）

学生：李老师，我的同座位小强三天都没有来了，给他微信留言也不回复，电话也打不通，您知道他怎么了吗？

班主任：他生病了。

学生：生什么病呀？为什么都不能跟我联系呢？

班主任：……

① Remley, T. P. Jr：《Legal and ethical issues in school counseling》，载《Professional School Counseling》2002，6（1），1-2。

案例情境六十一（其三）

小强家长：李老师，孩子医院诊断出来抑郁症（重度），需要住院治疗一个月左右，为了他在班级不被别人另眼相看，请不要跟班级任何人讲这件事。

班主任：……

此时的班主任很无助，小强没有到校上课的情况遭遇学校师生的解密、家长努力保密的挑战，班主任是双方拉锯的焦点。告诉学科教师和班级学生会违背家长的意愿，不说会让学校相关人群更加好奇。怎么说，说到什么程度是个既专业又现实的问题。班主任不是心理专业工作者，但有未成年人隐私保护的基本意识。她是家校协同工作中的重要人群，这极其考验班主任的机智、沟通能力和心理健康教育素养。

可能的应对策略：

一是为班主任提供专业的支持。最好能为心理异常的学生提供一份学校心育工作途径和家校沟通的知识宣讲。心理教师在学校普及性教师宣讲中，可以事先指导班主任群体遇到这种情况，先跟心理教师商量一个具体的解密范围，没有一个学生的情况是完全相同的，既要把个体差异性和群体的普遍性相结合，也要考虑到原则的坚定与策略的灵活相结合。从伦理守则的角度看，其实保护来访者的最大福祉是我们的追求。如果学校有专兼职心理教师，可以跟他们一起商讨如何回复各方人士的询问；在这些条件都无法满足的情况下可以电话咨询未成年人心理热线寻求帮助。

二是在家长的知情权上工作。学校教师需要让家长知晓，为了孩子在学校的安全、康复和发展，需要在一定范围内解密。在学校工作人群中，与该生相关的老师是需要进行一定程度解密的，这样有利于学生复学后教育指导程度与节奏的把握，比如青春期情绪障碍的学生在康复期，其思维、注意力和记忆力等有个慢慢恢复的过程，因此在课堂学习和课后作业的完成上也有个逐渐适应和循序增加的过程，此时课任教师了解其情况就会注重对个体状态进行教学要求的调整，一味隐瞒则会造成康复适应不良，复学失败导致病情迁延难愈。如果学生家庭已经决定休学，学科教师不再担任其教师，也可以根据具体情况对非相关人群实施保密。

没有完美的回复方案。案例情境六十一的情况在学校中是一种常见的情况，我们来看看一些老师的回复，也许会给我们一些启发。

不能确定是否休学的学生，班主任对课任老师和同学的回复分享：“你对小强很关心。他目前在医院治疗中，具体情况我正在跟家长联系中，有需要及时跟你沟通……”

确定休学的学生，班主任对课任老师和同学的回复分享：“你对小强很关心。他目前生病治疗，详情不清楚，但是家长表示要办理休学，我会及时跟进……”

马上即将复学的学生，班主任对课任老师分享“小强真的很需要你的关心。针对他的情绪要更多的关心，他心理上遇到了困难，我已经跟家长做了多次沟通，下面我来约个时间，跟我们班的几位任课教师一起说一说他的情况，不过这些都需要保密……”

教师群体遵守职业道德的程度和对未成年人隐私保密意识的水平，是保密与解密工作中的不可控因素。这也导致了在伦理保密和解密之间将会一直存在着困难。度的把握是个难点，也有学者提出过度强调保密其实也是一种对心理异常的污名化和歧视。

2.关于学校心理测验的伦理界限

心理测验是认识自我的一种重要方法，测验结果也是心理健康与异常的参考依据，然而任何一个心理测验的结果都不能代替医学诊断，这是我们需要知晓的科学规范、专业准绳。但是在家校人群中，这一意识还需要坚持长久的宣教才能有所提升。让我们看看这一组来源于生活中的真实对话。

案例情境六十二

镜头一　某小学教师找到本校心理教师说："我觉得儿子有多动症，你上周教师业务培训的时候不是说学校有心理测量的一体化系统吗？能请你帮他测试并诊断一下吗？"

镜头二　某初中生被医院诊断心理异常，一边服药治疗一边在校学习，半年后在每月一次定期的学校心理辅导中，母亲跟心理教师提出："孩子吃药有半年了，老师能不能再给他做个心理测验，看看指标有没有好转？这样我就可以给他把药停一停了，总是这样吃药我怕副作用大。"

镜头三　某高中心理教师利用中午时间，对学生进行测验报告的六人小组反馈。其中一名学生的入学心理测试中SCL-90自评量表测验结果显示抑郁、焦虑和敌对等因子分值都在2.5-3分之间，显示阳性，他问心理教师："我是抑郁症还是焦虑症？"

突破现状思考可能的应对策略：测验结果不能代替诊断，这个重要的意识很多人都不知道，在案例情境六十二的三组人群中都有所反映。因此需要大力开展宣教工作。学校内的心理测验数据，可以作为我们了解学生心理状态的依据，但是不能成为诊断结果。医生也仅仅会参考心理测验的数据，结合临床的多维评估，最终作出医学诊断。

在实际工作中还遇到家长抱怨："学校心理中心有心理测验的软件，为什么还要转介到医院去诊断，学校提供报告，有需要我们家长找医生开药不就行了吗？"家校人群对心理测验的科学开展、数据结果的使用等方面缺乏认识，导致了在心理测验中混淆了医教协同的界限。

学校心理教师开展心理测量之前，应接受必要的心理测量的专业知识训练。运用数据，结合学校生活观察和家庭情况等，才能进行综合评估。因此需要告知家校相关人群，心理教师没有诊断权，更没有处方权，因此不能随意对学生的测量数据下判断。心理教师自己坚守住伦理规范，才能更好地引导周围人群科学有效地了解、使用和看待心理测验这样重要的评估工具。

（二）坚守协同中伦理边界的挑战

协同的核心是各司其职，分工合作。各部门交流分享彼此的工作流程、了解自己的本职工作，为学生及家庭提供最恰当、有效的救助和指导，到位而不越界是协同工作最理想的状态。

案例情境六十三

陈老师是一位有着五年工作经验的初中班主任，所带班级一个月内A和B两位同学前后被医院诊断为青春期情绪障碍，其中B同学情况较为严重需住院治疗并已经办理休学。这位班主任心疼学生遇到困境，也想多学习点知识帮助到学生和家庭，并且对于以后可能遇到的情况提供更多的经验。于是看了一些青春期心理发展特点的心理健康教育方面的科普读物，同时也阅读了青春期情绪障碍的医学治疗方法、通常使用的药物种类及功能等医学书籍。有一次，A同学的父亲找到陈老师，说孩子跟父母无法沟通，希望陈老师能够跟孩子交流，这样父母也能知道孩子心中的想法，陈老师说在学校会找机会多聊一聊。在跟父亲询问孩子近期医疗情况的时候，父亲说到孩子服用的药物名字叫作“某某”，陈老师就跟父亲讲了据他所学习了解到，这种针对抑郁症的药物是近几年新研发出来的，效果较好副作用相对比较小，父亲听后心中很感谢。之后父亲遇到了孩子医学上的一些问题，经常打电话询问陈老师，大部分问题陈老师并不知道，每次就上网查找资料、找自己熟人询问精神科医生，有时候陈老师发现自己以前回答家长的医学知识具有片面性，还需要及时更正，陈老师觉得这些事情做起来太难了。

不要把学校心育工作医学化。教师的主要工作是教育，在中小学“校–家–医协同”心育工作中，因需要多元化的方法来实现，因此学校教师整体心理健康教育的能力也是需要不断加强的。陈老师不断学习教育心理学和医学心理的常识是值得称赞的事情，不仅能提升自己的心理健康素养，也反映出教师的责任心和职业道德情操。

为什么陈老师最后产生“这些事情做起来太难了”的感慨呢？因为

超过了中小学心育工作的界限。医学具有系统性，需要长期的学习、积累和临床实践经验来把学到的知识运用起来，陈老师看了几本科普心理异常和药物介绍的医学书籍，从知识结构上而言，仅仅触碰到精神医学体系中的大众普及这一部分，还只是冰山一角。

突破难点的思考：陈老师恰当的做法是，可以在自己研读了这些书籍信息的前提下，对家庭提出的医学问题认真倾听、仔细询问，这个过程本身既有利于学校了解学生的治疗情况，也通过倾听减轻父亲的精神压力，共情他的情绪和认知，给予父亲心理上的支持。对他提出的药物治疗调整的想法等，及时指导他们跟医生去讨论。这就有了清晰的伦理界限，守住了学校心理教育的工作范围。教师无法完成医生的工作，正如同医生也无法完成教师的教育任务一样。各司其职，是守住边界的基准点。

家校协同不是代替。协同不是融合，更不是替代，界限的确定需要家校双方相关人群在实践中探索和磨合。这里的代替有两层含义，既不是代替家长教育孩子，也不是代替医院救治孩子。家长与学校的联系，相比于医院而言既熟悉也密切。因此在中小学“校-家-医协同”心育工作路径中，家校协同中坚守心育工作边界这一伦理，是个时刻可见的难题。我们需要在不断出现的问题中，慢慢积累面对心理异常学生时，学校心理教育工作能做什么？不能做什么？目前大家比较清楚的有：教育评估不能代替医学诊断，学校不能代替家长监护人履行权利与义务等，具体工作中还有很多细致的内容需要澄清。这项工作不是一蹴而就的，即使在对家长和教师的宣教中都有强调，在工作中还会有新的状况出现。因此守住边界是一个长期存在的难点，需要相关群体在协同中寻找解决方法共同坚守。

突破难点的思考：仍然以案例情境六十三为例，陈老师恰当的做法是，在家长说到父母跟孩子无法沟通时，请老师多跟自己交流掌握的关于孩子情况的请求时，教师一方面要告诉家长会在学校找机会与孩子沟通，另一方面也需要细致地询问家庭沟通受到阻碍的具体情况，指导家长改变自身的问题，积极实现家庭亲子沟通。这就做到了家校协同而不是代替家长教育。

当父亲询问医疗问题时，陈老师运用自己的知识帮助A同学的家长答疑解惑，在内容把握上一旦出现越界，就容易让家长也迷失界限。对家长而言找到班主任比找医生要便捷很多，因此家长能向教师询问到治疗的方法时，就不想再去医院了，在家长心中教师和医生对孩子的健康问题都是权威。这时陈老师可以与父亲澄清问题是什么？困惑在哪里？如何找到专业的医生？……这样的沟通，既让家长感觉到虽然教师不能给予答案，但是在帮助自己找到有效帮助的路上。这既是学校教育的内容，也是示范树立界限的过程。

中小学“校-家-医协同”心育工作的路径，从对象的角度聚焦在存在心理异常的中小学生，协同的主要人群包括学校师生、家长和医院精神科及心理科的医生等群体。基本工作的流程有家校发现评估与转介、医院诊断与治疗及康复中的“校-家-医协同”支持三个主要环节，在不同的环节有相匹配的工作方式予以加持。路径整体是清晰的，在工作中遇到挑战也是必然的现象，任何工作都是在突破困难、不断创新中积累经验并逐步完善的。学校、家庭和医院共同面对挑战也是协同工作的一个部分。

参考文献

[1]林孟平.辅导与心理治疗[M].香港：商务印书馆，1998.

[2]吴增强，沈之菲.学校心理辅导研究[M].上海：上海合计文献出版社，2001.

[3]郭念锋. 心理咨询师（二级）[M].北京：民族出版社，2012.

[4]郭念锋. 心理咨询师（三级）[M].北京：民族出版社，2012.

[5]齐南.精神疗法[M].北京：中国中医药出版社，2010.

[6]钱铭怡.变态心理学[M].北京：北京大学出版社，2006.

[7]维吉尼亚·萨提亚，米凯莱·鲍德温.萨提亚治疗实录[M].北京：世界图书出版公司，2013.

[8]马修·约翰斯通，安斯利·约翰斯通.我有一只叫抑郁症的黑狗[M].广西：广西科学技术出版社，2017.

[9]刘世宏，高湘萍，徐欣颖.心理评估与诊断[M].上海：上海教育出版社，2017.

[10]闫加民等.儿童青少年常见心理障碍的诊治[M].长春：吉林科学技术出版社，2020.

[11]中国就业培训技术指导中心.心理咨询师：基础知识[M].北京：民族出版社，2005.

[12]贝尔纳·格朗热，瓦莱里·雅勒弗尔.心理治疗[M].北京：中央编译出版社，2013.

[13]李光飞，徐炜，蒋敬，徐小乐.当代医学教育中“医教协同”的现状及思考[J].教育教学论坛，2021（20）.

[14]刘纯姣.学校家庭协同教育构想[J].怀化学院学报，1996（3）.

[15]宋文嘉，王燕，张艳，徐云生.从德国“双元制”职业教育探讨“医教协同”模式的思考[J].现代职业教育·职业培训，2019（6）.

[16]张苏萌，张丹红.中国早期校医设置概述[J].中国学校卫生，1998（19）.

[17]张充，孟万金.国内外中小学心理健康教育模式述评[J].中国特殊教育，2006（3）.

[18]苏赞，叶碧君.广州市帼志愿者在行动：为青少年心理问题筑起防线[N].广州日报，2019年12月25日.

[19]郑晓边.心理变态与健康[M].安徽：安徽人民出版社，2002.

[20]申继亮，王凯荣.论教师的心理健康教育能力的构成[J].北京师范大学学报（人文社会科学版），2001（1）.

[21]郑毅.中国少年儿童精神疾病患病率的流调报告[J].儿童心理学与精神病学，2021(5).

[22]彭丹妮.少年精神健康之忧[J].中国新闻周刊.2021（1024）.

[23]陈宇燕.心理访谈“四步工作法”的构建与思考.中小学心理健康教育[J].2019（392）.

[24]陈虹，叶一舵.学校心理健康教育教师的胜任力探析--以福建省为例[J].教育评论，2006（1）.

[25]中国心理学会临床与咨询心理学工作伦理守则（第二版）[J].心理学报，2018(11).

[26]Remley, T. P. Jr. Legal and ethical issues in school counseling[J]. Professional School Counseling, 2002, 6（1）: 1-2.

[27]中华医学会精神病学分会.中国精神障碍分类与诊断标准第三版（精神障碍分类）[J].中华精神科杂志，2001(34).

[28]中华人民共和国卫生部.国际疾病分类（ICD--10）应用指导手册[M].北京：中国协和医科大学出版社，2001.

[29]梁红丽，朱秀娣，张筱诗，黄生万，许素芃，林辛霞，李燕红.正念瑜伽联合心理干预在住院期间青少年情绪障碍中的应用[J].齐鲁护理杂志，2021（23）.

[30]邱芸.美国中小学家校合作的实践与启示——以佐治亚州梅肯市亚历山大二世小学为例[J].教学与管理，2014（32）.

[31]张向奎，邓小平.自尊在班级环境与中小学生学校适应中的中介作用[J].大庆师范学院学报，2013，33（4）.

[32]傅小兰，张侃.中国国民心理健康发展报告（2019—2020）[M]北京：社会科学文献出版社，2021.

[33]王天文.中小学心理教师常见伦理问题探析[J].上海教育科研，2012（7）.

[34]王天文.浅析初中心理健康教师的课程意识[J].江苏教育，2018（88）.

[35]王天文.家庭系统中的界限、等级和规则[J].江苏教育，2018（32）.

[36]王天文.个性学生教育的心理学思考[J].江苏教育，2019（63）.

[37]王天文.工作诊断意识夯实学校心理辅导效能[J].江苏教育，2022（32）.

[38]王天文.学校心育工作“医教协同”路径思考[J].江苏教育，2022（40）.

[39]张燕.案例一“问题产品”转化记.江苏教育[J].2018（72）.

[40]张燕.“学习机器人”变形记[J].江苏教育.2021（76）.

[41]张燕.青春期亲子关系的修复之旅[J].江苏教育，2022（32）.

[42]张燕.中学生抑郁障碍的“医教协同”干预策略探究——以一例高中生抑郁症的干预工作为例[J].江苏教育，2022（40）.

后 记

心理健康教育在我国中小学校被重视的程度越来越高，这也是我国物质文明发展到一定程度的反映。虽然心理异常学生在中小学生群体中只占有极少部分，但是给学校、家庭、个体和社会带来的负面影响是巨大的。随着医学诊断标准的不断调整更新，对未成年人心理异常的认识、临床诊断及治疗方案等也越来越科学。这些都为中小学“校-家-医协同”心育工作路径的研究奠定了社会、教育和医疗的基础。因此中小学“校-家-医协同”心育工作路径的探究，既是为了适应中小学心理健康教育深入发展的形势，也是基于时代需求的呼唤，是教育改革、社会发展前提下，对人的健康更为关注的成果。

南京市一贯重视未成年人的心理健康发展，全国中小学生心理援助中心就坐落在南京，依托从1992年成立至今的陶老师工作站（南京市中小学生心理援助中心）开展工作。全书提供的大部分案例原型来源于南京市陶老师工作站和陶老师工作站玄武分站。南京市教育局在近两年来，对家校共育工作开拓创新了更多的思路、做法，为本研究的开展提供了政策和实践的双平台。这本书在撰写过程中，南京市教育科学研究所和南京市教育局宣德处的领导们高度关心，对顺利完成书稿撰写任务提供了大力的支持，在此一并表示衷心的感谢！

本书系2021年度江苏省基础教育前瞻性教学改革实验项目《中小学生心理干预综合体系构建与实施路径研究》（2021JSQZ0321）、2020年度南京市王天文心育名师工作室项目、2020年度南京市“十三五”教育科学规划南京市中小学心理健康专项研究课题《中小学“医教协同”心理辅导范式的实践研究》（LZX2020/02）、南京市社科联重点立项课题《“双减”背景下南京深化教育改革构建家校社协同育人机制的研究》（项目编号22ZY06）、南京市中小学教学研究第十四期立项课题《中学生心理辅导中“医教协同”工作的实践研究》（2021NJJK14—L14）、南京市教育科学“十四五”规划课题《医教结合中青少年抑郁症的校园心理干预策略研究》（LZD/2021/98）的阶段性研究成果。

本书是集体智慧的结晶，全书撰写的思想火花来源于南京市王天文心育名师工作室成员间的工作研讨、理论碰撞，来源于南京脑科医院心理科医学专家团队的临床经验和指导。两位著作者都是来自江苏省南京市中小学心理健康教育第一线的名师。王天文负责本书绪论、导读、第一章、第二章、第五章和后记的撰写。张燕负责本书第三章和第四章的撰写。

研究过程中，不同的流派有不同的观点，个体差异性很大，很难有一把尺子勾画出的标准，因此本书难免存在缺陷、错误，也恳请使用者、专家同行斧正，我们将进一步完善。